영화 읽고 수업하고, 수업하며 영화 읽기 ❸

영화 읽기와 가치 수업, 다문화 이해

영화 읽고 수업하고, 수업하며 영화 읽기 ❸
영화 읽기와 가치 수업, 다문화 이해

발행일   2020년 4월 10일

지은이   사각형프리즘
펴낸이   손형국
펴낸곳   (주)북랩
편집인   선일영   편집   강대건, 최예은, 최승헌, 김경무, 이예지
디자인   이현수, 한수희, 김민하, 김윤주, 허지혜   제작   박기성, 황동현, 구성우, 장홍석
마케팅   김회란, 박진관, 조하라, 장은별
출판등록   2004. 12. 1(제2012-000051호)
주소   서울특별시 금천구 가산디지털 1로 168, 우림라이온스밸리 B동 B113~114호., C동 B101호
홈페이지   www.book.co.kr
전화번호   (02)2026-5777   팩스   (02)2026-5747

ISBN   979-11-6539-124-9 04370 (종이책)   979-11-6299-786-4 04370 (세트)
          979-11-6539-125-6 05370 (전자책)

이 도서의 국립중앙도서관 출판예정도서목록(CIP)은 서지정보유통지원시스템 홈페이지(http://seoji.nl.go.kr)와
국가자료공동목록시스템(http://www.nl.go.kr/kolisnet)에서 이용하실 수 있습니다.
(CIP제어번호: 2020014453)

(주)북랩 성공출판의 파트너

북랩 홈페이지와 패밀리 사이트에서 다양한 출판 솔루션을 만나 보세요!

홈페이지 book.co.kr   •   **블로그** blog.naver.com/essaybook   •   **출판문의** book@book.co.kr

영화 읽기와 가치 수업, 다문화 이해

- 경극소년 리턴즈 -

사각형프리즘 지음

●

권하는 글

영화 교육의 가치

2019년은 한국 영화 100주년의 해로 여러 뜻깊은 행사가 많았다. 특히 봉준호 감독의 영화 〈기생충〉(2019)의 칸 영화제 황금종려상 수상을 시작으로 아카데미 영화제 4개 부문 수상까지 세계 유수의 영화제에서 관객과 비평가의 호평을 받아 더욱 의미 있었다. 국가, 인종, 민족이 달라도 인간의 삶과 사회현실을 잘 담은 영화는 우리 삶을 이해하고 풍요롭게하는 데 기여한다. 그리고 관객은 그런 영화를 찾는다.

한국은 2020년을 맞아 '한국 영화 새로운 100년'을 위해 나아가고 있다. 제작 환경과 제도는 발전하고 개선되어 해마다 수많은 영화가 제작되고 있다. 그에 비해 인구는 줄고 있어 관객이 늘어나기는 어려울 것으로 예상한다. 이런 상황에서는 소양을 갖춘 새로운 영화 관객들이 필요하다. 영화 교육은 교육적 가치와 함께 미래 관객 확보 측면에서도 매우 필요한 교육이다.

2004년 영화진흥위원회는 한국 최초의 영화 교과서라고 할 수 있는 책 『영화 읽기』를 출간하였다. 이후에도 영화 교육에 관한 지속적인 연구와 다양한 접근을 추진해왔다. 우리의 노력과 더불어 영화 교육의 새로운 움직임에 함께하는 이들이 있다. 이 책의 저자 사각형프리즘 선생님들이 그렇다.

이 책 『영화 읽기와 가치 수업, 다문화 이해』는 2018년 부산국제어린이청소년영화제 초청작인 〈경극소년 리턴즈〉를 보고 영화 읽기 수업을 하는 사례를 담고 있다. 영화는 싱가포르 초등학생들이 경극 공연을 준비하면서 장애를 극복하는 이야기다.

이 책은 내용상으로 저자가 영화 자체의 줄거리나 사건에 얽매이지 않고 영화에서 말하는 것을 넘어 다문화 이해를 주제로 하여 한국 사회에서 다문화 시대를 살아가는 방법을 다루었다는 점에서 새롭다. 그리고 영화를 통해서 가치와 실천을 배울 수 있게 한 점, 자료 수집부터 수업 시연까지 그 과정을 일목요연하게 보여주는 점에서 매력적이고 독창적이다.

이 책의 출판 과정도 한 편의 영화가 만들어지는 것과 같다. 국내 영화 배급부터 출판까지 부산국제어린이청소년영화제, 부산광역시교육청, 유네스코 영화 창의도시 부산이 협업하여 진행하였다. 각 기관과 단체가 서로 겹치지 않으면서 영화 교육이라는 공동의 가치를 위해 고유의 전문성을 바탕으로 결합했다는 것은 의미하는 바가 크다. 그동안 영화진흥위원회가 한국문화예술교육진흥원을 비롯한 영화 관련 기관이나 단체와 협업해온 것과 함께 협업의 좋은 모델이 될 것이라 기대한다.

변화하는 영화 교육 환경에 맞게 좋은 연구물이 공유된다는 것이 반갑다. 이는 각 기관과 관계자가 겸손과 배움의 가치를 바탕으로 손을 맞잡고 '한국 영화 새로운 100년'을 향해 내딛는 힘찬 한걸음이라 생각한다.

2020년 3월 17일

영화진흥위원회 위원장

오석근

❍
여는 글

볕 사이에 있는 나와 그림자

가을볕에서 만난 나와 그림자

영화 읽기와 가치 수업, 다문화 이해

볕과 공기, 물은 생명의 동력입니다. 지구에 존재하는 생명은 볕에서 생명의 에너지를 얻습니다. 봄, 여름, 가을, 겨울 사계절의 볕은 다양합니다. 가을볕은 따뜻하고 선선하며 포근합니다. 봄에 뿌린 씨앗이 맺은 열매 향기가 가을볕에 실려 옵니다. 가을볕과 씨앗, 대지와 바람이 만난 열매 향기는 달콤합니다. 가을볕에 실린 열매 향기에 몸을 맡기고 걸으면 생명이 신비롭게 다가옵니다.

가을볕을 따라 걸으면 그림자가 곁에 있다는 것을 발견합니다. 걸음을 멈추면, 그림자도 멈춥니다. 그림자에게 차분히 말을 건네 보고 싶어집니다. 장자의 『제물론』에도 그림자에게 말을 건네는 이야기가 있습니다. 망량이 그림자에게 이렇게 말합니다. "전에는 자네가 가더니 지금은 자네가 서 있고, 전에는 자네가 앉아 있더니 지금은 자네가 일어나 있구먼. 어찌 그렇게 지조가 없나?" 이 물음에 그림자가 대답합니다. "글쎄, 난 아무래도 형체의 지시에 따라 움직여야만 하는 것 같다. 그렇지만 내가 우러러보고 있는 형체란 것이 조화신(造化神)의 지시에 따라 움직이는 것 같다". 장자가 들려주는 이야기에서 나와 그림자는 각각 존재자로서 실체이지만, 동일한 형상이지 않다는 것입니다. 나와 그림자는 개별적 존재자라는 의미입니다. 나와 그림자는 서로를 위해 있는 것이 아닙니다. 내가 그림자를 만들 수 없고, 그림자가 나를 만들 수 없기 때문입니다. 나의 그림자라고 할지라도 그림자는 볕이 있을 때만 만들어집니다. 나는 볕과 그림자 사이에 있는 존재자일 뿐입니다. 볕과 그림자 사이 존재자로서 나는 볕을 흡수하기도 하고, 밖으로 내뿜으면서 존재적 삶을 살아갑니다.

생명의 실상이 그런 것 같습니다. '나'와 '그림자'가 볕으로 연결되어 있듯이 인간들의 삶도 그렇습니다. 생명이 있는 존재자들은 볕의 힘으로 살고, '너'를 살게 하는 힘으로 존재합니다, 나와 타인, 친밀한 자와 낯선 자, 자국민과 이방인, 있는 자와 없는 자들이 다른 존재자인 것처럼 보이지만, 연결된 것이 생명의 실상이고, 연결된 삶을 실천하는 것이 존재적입니다. 볕과 삶의 관계를 음미하는 순간 평온이 선물처럼 옵니다.

가을볕을 닮고 싶은 사각형프리즘 연구소가 개소한 이후 다양한 활동을 했습니다. 구성원 각자가 자신과 그림자에게 말을 건네는 활동을 하던 초장기 시기가 있었습니다. 그 이후 내면의 알찬 말들이 차 올라올 즈음, 우리 곁에 선 타자들에게 말과 글을 건네기 시작했습니다. 영화를 매개로 글을 발표한 이래 『버팔로 라이더』와 『완두콩 배의 롤라』 시리즈 책을 2018년과 2019년에 출간했습니다. 『버팔로 라이더』는 미적이고 시적인 말과 글로, 『완두콩 배의 롤라』에서는 감각적 활동으로 평화의 말과 글을 표현하려고 했습니다.

영화와 교육을 수평적으로 연결한 두 권의 책을 시리즈로 출간한 건 교사들이 연구 모임을 결성하고 연구하는 과정을 나누고 싶었기 때문입니다. 교사, 학생, 학부모들이 사이 존재로서 서로를 인정하는 과정의 즐거움도 공유하고자 했습니다. 영화는 사이 존재로서 인간의 삶을 보여 주는 창이자 삶의 본질을 만날 수 있는 매체입니다. 영화는 인간의 감각을 자극하는, 감각 그 자체의 활동입니다. 기억을 생성하고 재구성할 수 있습니다. 삶의 의미를 생성할 수 있는 교육적 가치가 있음을 확신한 연구 내용을 희망으로 나누고 싶었습니다.

발간된 두 권의 책은 영화 읽기 수업 디자인에 관련된 것이었습니다. 영화를 선정한 기준은 부산국제어린이청소년영화제에 상영된 영화인지의 여부, 교육적인 가치의 명확성, 학교 교육 활용의 적합성과 내용의 적절성, 학생의 성찰적 삶을 위한 창의적인 동기 부여 가능성을 고려했습니다. 영화 읽기 방법으로 영화 속 줄거리와 사건, 캐릭터, 상징과 은유 읽기, 장르 교차, 인문적 읽기 등을 활용했습니다.

『영화 읽기와 가치 수업, 다문화 이해: 경극소년 리턴즈』는 이전에 출간한 두 권의 책과 일련의 연속성을 갖지만, 차별적인 연구 주제와 방법을 모색했습니다. 영화 읽기 주제는 다문화 이해 교육으로 선정하고, 현재 학교 다문화 이해 교육의 교육적 상황과 실태를 파악하기 위해 공동 연구와 현장 조사를 병행했습니다. 특히 한국에 이주한 학생 및 부모와 관련

된 문헌 연구와 현장 조사를 했습니다. 이를 토대로 다문화 이해 수업을 디자인하고, 내용의 체계화를 위하여 6개월 정도 대화와 토론을 했습니다. 〈경극소년 리턴즈〉 작품을 제작한 싱가포르와도 공동으로 영화 읽기 내용과 수업 프로그램을 개발하고, 각자 혹은 공동으로 적용하여 평가했습니다. 우리는 한국과 싱가포르의 다문화 교육의 다름을 존중하였습니다.

『영화 읽기와 가치 수업, 다문화 이해: 경극소년 리턴즈』를 출판하면서 학교 현장과 학생의 일상적 삶과 가치를 유기적으로 통합할 수 있는 사각형프리즘만의 연구 노하우를 터득하는 즐거움을 느꼈습니다. 이 노하우를 바탕으로 학생들이 가치를 실천하는 의지를 갖게 하는 안목도 기를 수 있었습니다. 연구 주제를 선정하고 체계화하는 과정, 수업 디자인의 세련화는 공동 연구에서 느낀 창조의 기쁨이었습니다.

가을볕이 나와 그림자를 연결하고, 그를 통해 사람과 사람이 연결되는 것은 하나의 현실이자 기적이라고 생각합니다. 볕이 감사함과 생명으로 연결되려면 서로의 삶을 존중하고 지켜주는 따뜻한 시선이 필요합니다. 시선은 구체적이고 상호적이면 좋겠습니다. 가을볕은 모두에게 선물로 주어져 있지만, 관심이 있어야만 선물로서 의미가 발현될 수 있기 때문입니다. 가을볕으로 열매를 맺을 수 있지만, '나'의 관심으로만 그 열매가 특별합니다. 나와 이웃인 이주민 학생과 가족, 국경과 민족의 경계가 분명한 싱가포르를 포함한 다양한 국가와 민족이 생명으로 연결되는 기쁨이 이 책을 통해서도 실현되면 좋겠습니다.

이 책이 출간되기까지 도움을 주신 분들께 감사를 드립니다. 추천사를 써 주신 영화진흥위원회 위원장 오석근 님. 현장 조사를 흔쾌히 허락하고, 면담에 참여해 주신 부산 사상구 건강가정다문화가족지원센터 김리영·박성옥·박경옥·한유미 님, 장대현학교 유달주·이은미 님. 공동 연구 과정에 참여한 사각형프리즘 김미선·조선혜 님, 공저자로 참여한 레이몬드 탄Raymond Tan 감독과 로저 탄Roger Tan 님, 국제 네트워크를 위해 원고를 영어로 번역한 장구성 님, 영화를 제공한 부산시교육청, 출판을 지원한 유네스코 영화 창의도시 부산. 영화 수입과 배급을 비롯해 모든 과정을 지켜보고 지원한 부산국제어린이청소년영화제 김상화·이영미·박창현·장슬기·최지훈·오여준 님. 여기에 낱낱이 말하지 못했지만 보이지 않는 곳에서 도움을 주신 모든 분께 고맙습니다.

저자를 대표하여 이미식 드림

사각형프리즘 연구소에서. 집필진

사각형프리즘

〈경극소년 리턴즈〉의 국내 배급과 출판 협약 후
김상화 위원장(왼쪽)과 레이몬드 감독(오른쪽)

영화 읽기와 가치 수업, 다문화 이해

인터뷰: 다문화의 여러 가지 모습

해제: 인문학으로 영화 읽기

부록

경극소년 리턴즈

BIKY 아카이브

〈경극소년 리턴즈〉는
네이버Naver 영화 포털에서 볼 수 있습니다.

*부산광역시 교육청 제공
*부산국제어린이청소년영화제 배급

영화 읽기

📽 감독이 소개하는 영화 이야기
📽 다문화 이해 관점으로 캐릭터 읽기

감독이 소개하는
영화 이야기[1]

레이몬드 탄Ramond Tan/〈경극소년 리턴즈〉감독

🎬 〈경극소년 리턴즈〉를 만든 과정

〈경극소년 리턴즈〉는 싱가포르 초등학생들이 경극 공연을 준비하면서 다양한 인종, 문화, 언어 그리고 개인의 장애를 극복하는 이야기입니다. 공연을 이끄는 사람은 친구와 부모님, 선생님에게 자신이 그 역할을 할 수 있다는 믿음을 주어야 하는 자폐증을 앓고 있는 학생입니다. 친구들의 도움으로 그는 자폐증을 극복해 가며 자기 배역을 연기합니다. 이 영화는 자신과 다른 사람을 받아들이고, 우리가 가진 차이가 어떻게 우리를 하나로 묶어 줄 수 있는지 따뜻하게 보여 줍니다.

영화의 소재는 제가 싱가포르 초등학교에서 미디어 리터러시 워크숍을 하고 있을 때 우연히 얻었습니다. 여러 선생님

---

1) 옮긴이 이태윤.

이제게 자기 학교에 있는 장애 학생들[2]에 대해 깊이 생각할 수 있는 영화를 만들어 보길 제안했습니다. 어떤 학부모는 장애 학생이 일반 학교에 다니는 것에 불만을 품고 있었습니다. 그들은 장애가 있는 학생들이 다른 학생들의 성장에 부정적인 영향을 줄까 걱정하였습니다. 저는 이 문제를 더 깊이 파고들어 이야기를 쓰기로 하였습니다. 그 과정에서 특별한 도움이 필요한 학생을 가르치는 전문가들을 인터뷰하였고 여러 달 동안 시나리오를 썼습니다. 마지막으로 영화 속에서 장애를 가진 학생을 잘못 표현하지 않도록 꼼꼼히 확인하였습니다. 이 영화가 우리 사회에서 장애인과 비장애인의 통합에 기여하길 기대합니다.

영화를 만들 때 어려운 점 중 하나는 영화 속 캐릭터에 알맞은 여러 인종의 어린이 배우를 찾는 일이었습니다. 저는 주인공 다섯 명 모두 새로운 배우로 섭외하고 싶었습니다. 저와 스태프들은 스무 개 넘는 초등학교에 다니며 오백 명이 넘는 학생을 오디션 하였습니다. 몇 단계의 오디션을 거쳐 마침내 우리 영화에 출연할 배우를 찾았습니다. 그들은 오스틴 총(오픈 역, 중국계), 로레나 깁(바오얼 역, 유라시안계), 케틀린 옹(베이베이 역, 중국계), 미카일 소피안(알리 역, 말레이계), 무케시 라하

---

2) 원문 표현은 special needs students이다. 장애인을 나타내는 영어 표현은 people with disability, people with special needs가 있으며 handicapped people은 비장애인에 견주어 장애인이 뒤처진다고 느끼게 하고 장애인을 낮추어 부르는 차별적인 의미가 있기 때문에 지금은 쓰지 않는다(옮긴이).

반(라자 역, 인도계)입니다.

다섯 명의 아이들은 지금 싱가포르를 구성하는 대표적인 인종(중국계, 말레이계, 인도계, 유라시안계)을 나타냅니다. 다섯 배우는 몇 장면에서 중국어로 연기해야 했습니다. 미카일, 무케시, 로레나는 중국어에 익숙하지 않았습니다. 그 배우들에게는 중국어 수업을 제공했습니다. 다행히 배우들은 포기하지 않았고 연기에 필요한 중국어 대사를 할 수 있었습니다.

무엇보다 배우들은 영화에서 경극 공연을 해야 했습니다. 중국 경극은 싱가포르에서 사라지는 중이라 배우들은 경극에 대해 충분히 알지 못했습니다. 배우들은 촬영에 들어가기 전 6주 동안 경극의 기초적인 기술을 배웠습니다. 경극 기술은 몸에 익히기 무척 힘든데 배우들은 끝까지 집중하고 노력하였습니다. 그들의 열정과 인내로 영화의 커다란 틀이 완성되었습니다.

세계 여러 나라의 관객이 〈경극소년 리턴즈〉를 보았고 우리의 노력을 응원해 주었습니다. 〈경극소년 리턴즈〉는 지금까지 한국, 일본, 인도네시아, 말레이시아, 스위스, 멕시코, 독일, 우크라이나, 이란, 그리스를 비롯한 여러 나라에 초청되었습니다. 이 영화가 단지 장애 학생의 목소리를 드러내는 것에 멈추지 않고 어린 배우들의 노력과 성취를 보여 주며 싱가포르의 아주 특별한 다문화 풍경을 알려 주는 통로가 되면 좋겠습니다.

🎥 영화의 상징

영화 속에서 꾸준히 나타나는 물건이 있습니다. 바오얼이 싱가포르에 가져온 손가락 인형입니다. 손가락 인형은 중국 설화에 나오는 몽키 킹Monkey King(손오공)과 관련이 있습니다. 영화 초반부에 자폐증을 가진 오픈은 경극 공연을 보며 몽키 킹에게 반합니다. 바오얼이 오픈에게 다가왔을 때도 오픈은 바오얼의 가방에 매달려 있는 손가락 인형을 보았습니다. 영화 중반에 오픈이 교실에서 소리를 질렀을 때 바오얼은 손가락 인형으로 오픈을 달랬습니다. 오픈은 손가락 인형에 친근함을 느꼈고 인형을 가져다준 바오얼과 아름다운 우정을 쌓습니다.

우리가 아는 것처럼 장애 학생은 때때로 의사소통에 어려움을 겪습니다. 그러다 보니 어떤 물건에 쉽게 집착하고 매달리기도 합니다. 이 영화에서 손가락 인형은 우정의 상징입니다. 손가락 인형은 오픈과 바오얼을 연결하고 거리를 좁혀 마침내 둘을 맺어 주는 중요한 물건입니다.

우정은 영화 속에서 반복되는 테마입니다. 처음에는 오픈과 바오얼만이 우정을 쌓지만, 경극 공연을 마쳤을 때는 알리, 라자, 베이베이 모두 진실한 친구가 됩니다. 경극을 배우고 연습하는 과정에서 친구들은 오픈의 처지를 더 이해하게 됩니다. 오픈은 알리, 라자가 다른 문화의 관점에서 몽키 킹을 그

려내는 것에 매력을 느낍니다. 라자는 인도의 강력한 원숭이 신 하우누만을 연기했고 알리는 전통적인 인도네시아 사람처럼 몽키 킹을 연기합니다.

우정이라는 테마와 관련하여 우리 영화는 우정이 보편적이고 무조건적임을 보여 주고 싶었습니다. 처음에 친구들은 자폐증을 잘 알지 못했고 막연한 두려움을 가졌기 때문에 오픈을 따돌렸습니다. 오픈이 마음을 열자 친구들도 그를 있는 그대로 받아들였습니다. 많은 어린이가 피부색, 종교, 신체적 차이를 비롯한 여러 이유로 주위 사람과 구분되곤 합니다. 서로 이해하지 못할 때 따돌림이 생깁니다. 바오얼이 보여 주듯 따돌림을 막을 수 있는 것은 다른 사람에게 베푸는 작지만, 진실한 친절함입니다.

바오얼과 오픈은 처음엔 낯선 상대로 만납니다. 바오얼은 오픈을 알고 싶었기 때문에 먼저 손을 내밀었습니다. 비록 오픈은 재빠르게 반응하지 못했지만 바오얼은 쉽게 포기하지 않았습니다. 바오얼은 오픈의 처지를 공부했고 손가락 인형을 주면서 오픈의 마음을 열었습니다. 바오얼의 친절한 성품이 오픈을 변화시킨 것입니다.

요즘 세계는 어느 때보다 양극화되었습니다. 겉모습으로 판단하는 일이 점점 늘어납니다. 이럴 때 친절은 큰 도움이 됩니다. 이 영화를 통해 사람들이 서로 다정해지길 바랍니다. 어려운 문제이지만 우리가 상대를 이해하려고 노력할수록 세상은 더 좋은 곳이 될 것입니다.

영화 읽기와 가치 수업, 다문화 이해

🎞️ 다문화와 조화

〈경극소년 리턴즈〉를 통해 싱가포르의 다양한 문화와 배경을 보여주고 싶었습니다. 다문화주의는 싱가포르 사람들이 살아가는 방식입니다. 싱가포르의 모든 사람은 어릴 때부터 민족과 문화의 차이를 느끼며 자랍니다. 학교나 마을에서 여러 민족이 섞여서 생활합니다. 건국 이래 이 나라에서 분열을 일으킬 만한 인종 폭동은 거의 없었습니다. 싱가포르는 모든 민족의 복지를 향상시키는 정책을 펴 왔습니다. 그 결과 주택, 직업, 사회보장처럼 기본적인 조건이 잘 갖춰져 있습니다.

싱가포르 사람들은 서로 다른 나라에서 왔기 때문에 가정에서는 그들의 모국어[3]를 씁니다. 하지만 현재 대부분의 사람은 영어를 일상적인 의사소통 언어로 사용합니다.[4] 공통 언어는 인종 장벽을 허무는 데 도움이 됩니다.

싱가포르는 다양한 문화가 조화를 이룬 화려한 나라입니다. 다민족 배경 때문에 싱가포르는 여러 사원, 다양한 음식과 물건, 다채로운 행사와 문화유산으로 가득합니다. 싱가포르는 여러 민족의 고유한 축제를 받아들입니다. 싱가포르라는 정체성을 유지하면서도 차이나 타운(중국 거리), 겔랑 세라이(무슬림 거리), 리틀 인디아(인도 거리)처럼 독특한 문화를 보

---

3)   중국어, 말레이어, 타밀어, 영어(옮긴이)
4)   싱가포르의 공용어는 영어이다(옮긴이).

존합니다.

교육은 민족 사이의 조화를 유지하는 데 중요한 역할을 합니다. 학생들은 중국인과 인도인이 싱가포르에 도착하여 싱가포르에서 살아온 역사를 배웁니다. 해마다 7월에는 전통 의상을 입고 자기 민족의 특징에 관한 사실이나 이야기를 나누는 민족 화합의 날이 있습니다. 이러한 모든 활동은 다문화 국가에서 상대방의 문화를 계속 알아가려는 자세를 강조하면서 싱가포르의 문화적 뿌리를 지켜 줍니다. <경극소년 리턴즈> 다섯 명의 캐릭터는 싱가포르의 주요 민족을 나타냅니다. 최종 공연에서는 자기 민족과 문화의 고유한 특징을 캐릭터에 포함합니다. 이 장면은 영화에서 가장 독특한 부분이기도 합니다. 다문화주의는 싱가포르의 핵심 가치입니다. 다문화 사회에서 조화를 유지하는 노력은 여러 나라를 여행하는 것에 비유할 수 있을 것입니다.

다문화 이해 관점으로
캐릭터 읽기

영화는 여러 가지 관점으로 해석할 수 있기 때문에, 영화 읽기 수업을 만들 때는 수업의 목적에 적합한 읽기 관점을 선택해야 합니다. 이 영화의 배경은 싱가포르 다문화 사회입니다. 주요 인물은 민족이 다른 다섯 학생이며, 영화 전반을 아우르는 사건은 장애 극복입니다. 영화 읽기에 익숙하지 않은 학생들은 이 영화를 단지 장애 극복 스토리로 이해하기 쉽습니다. 하지만 싱가포르 사회의 배경인 '다름'이라는 가치로 영화를 본다면 '장애와 비장애'를 넘어 민족, 문화, 언어, 외모와 성격의 차이 속에서 살아가는 모습을 읽을 수 있습니다. '여러 가지 차이'에 대처하는 등장인물을 통해 '다문화를 이해하는 데 필요한 자세'를 살펴보겠습니다.

주요 등장인물은 싱가포르 사회의 대표적인 구성원을 나타 냅니다.

바오얼
싱가포르에 사는 외국인

오픈
중국계 싱가포르인

라자
인도계 싱가포르인

베이베이
중국계 싱가포르인

알리
말레이계 싱가포르인

영화 읽기와 가치 수업, 다문화 이해

🎞️ 바오얼

싱가포르에 사는 외국인. 백인 아버지와 중국계 어머니 사이에서 자랐기 때문에 영어와 중국어를 말할 수 있음.

#1

- 베이베이 엄마: 너희 엄마는 영어 못 하시니?
- 바오얼: 우리 엄마는 중국어를 잘해요. 아주머닌 할 줄 아세요?

  💬 영어와 중국어 중 한 언어가 다른 언어에 견주어 더 우수하거나 열등하다고 생각하지 않음.

#2

친구들이 바오얼에게 외국인이냐고 묻는다.
- 바오얼: 난 바오얼이야.

  💬 인종이나 국적이 아니라 '자신'의 고유한 특성을 중요하게 여김.

#3

오픈이 자폐아라는 이야기를 듣자 자폐증에 관해 조사한다.

💬 자신이 느낀 '다름(자폐증)'에 관심을 가짐.

#4

- 바오얼: (인형을 들고) 오픈, 우리 친구 할래?

💬 '다름'을 극복하기 위한 준비(인형)를 한 뒤 행동으로 옮김.

#5

- 바오얼: 안 돼요! 특수학교로 보내지 마세요. 오픈은 특별한 아이에요. 표현할 줄 모를 뿐이에요. 그리고 쟤는 내 친구예요.

💬 기성세대 또는 사회적으로 구분한 경계(장애와 비장애)를 거부하고 자신이 느낀 대로 관계를 재구성함(장애와 비장애 ·친구).

🎥 바오얼의 엄마

#1

생선 장수와 4달러 발음 때문에 싸움.

💬 중국어 '사'와 '십'의 발음 차이로 오해가 생겼을 때 상대방을 이해하기보다 자기 발음이 옳다고 주장하며 다툼. 불통의 원인을 찾아내기보다는 상황을 자신에게 유리하게 해석하여 문제의 원인을 상대방에게 돌림. 하지만 그런 자기 모습에 답답해함.

#2

- 바오얼의 엄마: 무슨 경극을 들어요? 요즘 같은 세상에. 영어 방송 틀어 주세요. 봐 봐. 요즘은 표지판도 영어인데 무슨 경극이며, 중국어니? 경극 집안에서 자란 네 엄마도 안 하는데 도대체 무슨 생각하니? 아까 그 애 엄마가 한 말 못 들었어? 여기서는 중국어보다 영어가 더 중요하다잖아.

💬 자기 경험과 주변 사람의 말을 기준으로 판단을 내림. 당사자인 딸의 이야기에는 관심을 두지 않음.

#3

좋아하는 게 있었는데 엄마가 경극을 시켜서 하지 못한 것을 후회함.

💬 어머니의 기대에 충실하기 위해 자신의 욕구를 희생한 과거를 후회함. 어머니와 자녀의 다름을 인정하지 못하고 자신의 욕망을 자녀에게 강요한 결과 자녀는 자신의 삶을 살지 못했음.

#4

- 바오얼의 엄마: 무슨 배역을 하든 명심해. 무대에 오른 이상 제대로 해야 해.

💬 공연에서 비중이 많고 적음이 아니라 어떤 배역이든 자신의 역할을 충실히 해야 경극이 완성됨을 이야기함. 각 배역이 지닌 특징이 정확하게 표현될 때 등장인물은 서로 조화를 이루어 한 편의 경극이 완성됨.

🎬 바오얼의 아빠

#1

- 바오얼의 아빠: 자폐증이라면 우리처럼 대화를 못 해. 그
  래서 얘기할 땐 인내심과 이해심이 필요해.

> 💬 자폐증의 특징을 이해하기 때문에 '다름'에 대해 차별하지 않고 그 차이
> 를 존중하는 태도를 가짐. 자폐증을 가진 오픈과 이야기를 할 때는 인내
> 와 이해라는 구체적인 행동 요령이 필요하다는 것을 알고 있음. 상대가
> 나에게 행동하는 것과 별개로 내가 나와 다른 사람을 대할 때 행동하는
> 방식이 중요함을 이야기함.

#2

- 바오얼의 아빠: 오픈이라… 이름 멋지네.

> 💬 딸의 이야기에 관심을 가지고 반응함. 관계의 형성은 관심에서 시작하고
> 관심을 이어갈 때 그 관계가 건강하게 지속될 수 있음.

🎥 오픈

#1

친구들과 소통하지 못함.

💬 기질적인 문제(자폐)로 친구들과 자유로운 소통에 어려움을 겪음.

#2

교실에서 그림만 그림.

💬 그림을 통해 원숭이를 좋아하는 자기 취향을 표현함. 친구들과 자신의 차이를 인정하고 있음. 친구에게 말을 걸지 않고 반응하지도 않음.

#3

- 오픈: 엄마 안 왔어. 내가 다른 애들이랑 달라서 그런 거야?

💬 장애와 비장애로 자신과 친구들을 구분함. 자신이 친구와 다르다는 것을 알고 있고, 이러한 다름 때문에 부모 역시 어려움을 겪고 있음을 알고 있음.

#4

파란색 그림.

💬 영화 내내 파란색으로 원숭이, 손오공을 그리다가 바오얼에게 마음을 연
뒤에는 파란색 그림에 노란색으로 덧칠함. 자신의 우울한 마음을 파란색
으로 드러냈지만, 노란색 덧칠을 통해 마음의 변화를 보여줌.

🎞 오픈의 아빠

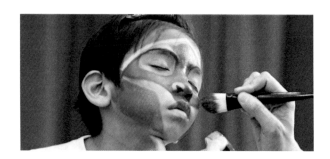

#1

- 오픈의 아빠: 분장하고 무대에 오르면 다들 똑같아 보여.

🗨 다름은 편견으로 바뀌기 쉬움. 겉으로 드러나는 특징들이 편견을 만들기도 함. 원숭이 분장을 하고 무대에 오르면 다들 똑같아 보이듯이 어떤 관점으로 사람을 보느냐에 따라 그 사람의 모습을 다르게 느낄 수 있음.

영화 읽기와 가치 수업, 다문화 이해

🎥 오픈의 엄마

#1

(전화 통화하는 상황. 오픈은 엄마에게 인사말을 건네지만, 엄마는 무뚝뚝하게 아빠를 바꿔 달라고 함.)

💬 오랜 시간 반복된 행동이 편견으로 굳어져 아들의 성장과 변화에 둔해짐.

#2

오픈이 무대에 나오기 두려워하자 손가락 인형을 꺼내어 보여 줌. 그러자 오픈이 무대로 나옴.

💬 편견도 노력에 따라 극복할 수 있음을 보여 줌. 오픈은 경극을 할 수 없을 것이란 편견을 깨고, 오픈의 변화 가능성을 믿음. 오픈이 좋아하는 원숭이 인형을 준비하였고, 오픈과 눈을 맞추었으며, 원숭이 인형을 손가락에 끼워 흔들어 보여 줌으로써 오픈이 두려움을 떨쳐내도록 행동함.

🎬 베이베이

#1

- 베이베이: (경극 연습 중에) 힘만 들고 하나도 재미없어요.

💬 낯선 상황을 견디지 못하고 지루하게 느낌. '다름'은 익숙하지 않은 만남
이며 때로 재미보다는 인내하고 관찰하며 성찰하는 과정이 필요함.

#2

- 베이베이: 오픈은 왜 안 하고 저기 앉아 있는 거죠? 불공

평해요. 매번 저래요.

💬 자기 기준으로만 상대를 판단함. 상대가 어떤 이유로 그런 행동을 하는
지 생각하기보다 자기 관점에서 상황을 정리하는 것이 수월하고 자신을
보호할 수 있기 때문. 다름에 대처하는 올바른 방식은 나와 상대의 처지
를 동등하게 놓고 상대 관점에서 생각하는 자세임.

영화 읽기와 가치 수업, 다문화 이해

#3

- 베이베이: 바오얼! 오픈을 귀찮게 하지 마. 소리 지르면 골치 아파.

  🗨 오직 자신의 기준으로만 상황을 판단함. 오픈의 변화 가능성을 닫아 버림.

🎥 교장 선생님

#1

- 교장 선생님: (오픈이 베이베이를 밀어서 다치자 베이베이 엄마가 항의하러 온 뒤) 사실 나와 선생님들도 오픈이 여기서 함께 공부하는 게 성장에 도움이 될 거라 믿어요.

💬 다름은 공동체 속에서 함께 어우러질 때 공동체와 같이 성장할 수 있음. 소수에게는 다수가 다르게 보이고, 다수에게는 소수가 다르게 느껴짐. 하지만 소수를 다수와 같이 만들려 하거나 다수가 소수의 차이를 무관심하게 인정하거나 방치하면 두 가지 다름은 조화를 이룰 수 없음. 싱가포르 학교에서는 의도적으로 여러 인종이 같은 공간에서 배우고 살아갈 수 있는 정책을 펴고 있음. 그러면서 자기 인종의 정체성을 유지하고 서로 배울 수 있는 특별한 수업을 병행함. 2000년 초부터 장애 학생과 비장애 학생이 같은 교실에서 공부하게 된 변화는 이 영화의 주요 배경이기도 함.

수업 디자인

- '경극소년 되기'를 만든 과정
- '경극소년 되기' 수업 사례

'경극소년 되기'를
만든 과정

🎬 다문화 이해의 출발점 옮기기

우리 프로그램의 출발점은 '개념'이 아니라 우리가 감각하는 '현실'이고 그 속에서 살아가는 '사람'이다. 그래서 우리는 상대방에게 민감해지고sensitivity, 그의 처지가 되어 보며empathy 그들과 조화롭게 살아가려는 마음을 가질 수 있는motivation 프로그램을 만들기로 했다.

대체로 '사람'이 아니라 '개념'에서 출발하면 연구 방향이 모호해진다. 이런 경험을 여러 번 했으면서도 연구를 시작할 때는 종종 개념 논의에서 벗어나지 못할 때가 있다. 이번 연구에서도 그랬다. 우리는 다문화의 의미가 무엇인지, 우리 사회는 다문화를 어떻게 수용하고 있는지를 토의하는 데 긴 시간을 들였다. 개념을 설명하기 위해 또 다른 개념을 가져오는 과정을 반복하니 마지막에는 그 개념의 사전적 의미마저 의심하게 되었다. 우리와 함께 살아가는 이주민과 외국인이 우리나라에서 살아가는 모습과 그들이 우리에게 느끼는 감정(현실)을 헤아리지 못한 채 어떻게 하면 다문화라는 개념을 가르칠 수 있을지 고민한 것이다. 개념은 어떤 상황을 이해하고 해석하는 렌즈가 되지만, 렌즈는 바뀔 수 있고 그럴 때마다 다른 해석이 가능하게 된다. 긴 논의를 통해 우리만의 개념 틀을 갖게 되더라도 단지 개념을 전달하는 프로그램은 '그 개념을 알게 되어도 그 사람의 일상적인 행동에 큰 변화를 주지 못할 수 있다'라는 한계를 가진다. 체험활동으로 개념을 익히는 프로그램도 있었다. 하지만 이런 방식 역시 또 다른 개념교육일 뿐이다. 개념에서 출발하는 프로그램은 학생들의 삶에 스며들어 행동으로 나타나기 어렵다. 렌즈를 찾는 데 너무 공을 들이다 보면 정작 렌즈 너머로 보이는 광경에 무관심해질 수 있기 때문이다.

그래서 프로그램의 출발점을 옮겼다.

우리는 여러 자료를 읽고 관련된 사람을 찾아 인터뷰하며 우리 주변에 사는 이주민과 그 가족, 외국인 노동자와 유학생의 일상을 관찰했다. 이런 과정 끝에 우리는 '다양성'이 아니라 '인권'의 관점에서 다문화를 이해했고 이를 체험하는 프로그램을 만들기로 했다. 대한민국이라는 나라에서 살아가는 사람은 생김새, 태어난 나라, 부모님의 나라 또는 살아온 문화가 다를 수는 있지만 '인간'이라는 점에서는 너나없이 똑같기 때문이다. 나아가 감정이나 감각의 동일성을 말하는 '생물학적 인간' 관점뿐만 아니라 함께 살아가는 세상의 바탕이 되는 '인간관계'에 초점을 맞추었다. 우리 주변에 사는 이주민과 그 가족, 외국인 노동자와 유학생의 처지를 공감하고 함께 살아 갈 수 있는 능력을 기르는 프로그램을 만들기로 했다. 우리는 프로그램의 출발점을 옷, 음식, 건축물, 놀이, 자연환경처럼 '다른 문화에 대한 지식'을 담은 '다문화 교육'에서 우리 주변 의 이주민이나 외국인과 함께 살아가기 위한 '문화가 다른 사 람에 대한 태도'를 강조하는 '다문화 이해 교육'으로 바꾸었다.

　　　　　　　　영화 읽기와 가치 수업, 다문화 이해

🎥 다문화 이해 교육 프로그램 '경극소년 되기 Being the Wayang Kids'

- **프로그램 목표**
  - 우리 주변에서 살아가는 이주민에게 관심을 가지고, 이주민에게 가지는 고정관념의 원인을 찾아본다.
  - 차별과 편견이 담긴 말을 들었을 때 이주민이 느끼는 감정을 체험하고, 조화롭게 살아가는 자세를 이야기한다.
- **대상:** 초등학교 3학년 이상
- **시간:** 160분 내외(40분 × 4차시)
- **장소:** 교실
- **준비물:** 상영 시설, 학습지, 활동 카드, PPT, 동영상 클립, 설문지
- **관련 수업:** 도덕과, 사회과 다문화 단원, 다문화 교육 주간, 창의적 체험활동 연계 다문화 교육

- 수업안

과정	활동	사례
관람 전 (20분)	□ **활동 목표와 프로그램 소개(3분)** □ **영화의 배경 소개(5분)** - 싱가포르 다문화 사회 소개(PPT 자료) □ **보이는 것, 보이지 않는 것 ①(10분)** - 편집한 장면과 소리를 제시하고 어떤 인물일지, 어떤 상황에서 나는 소리일지 상상하고 발표하기(영상 클립 2개와 학습지) □ **관람 태도 안내(2분)** - 궁금한 내용 메모하기	75쪽 78쪽 79쪽
관람 중 (90분)	□ **관람(90분)** - 궁금한 내용 메모하며 보기	
관람 후 (50분)	□ **관람평 쓰기(15분)** - 20글자 안팎 관람평을 쓰고 소감 나누기(포스트잇) □ **보이는 것, 보이지 않는 것 ②(10분)** - 내가 상상한 내용과 실제 내용 사이에 차이가 난 이유 이야기하기 □ **경극소년 되기(20분)** - 이주민과 외국인 처지에서 편견과 차별이 담긴 말을 들었다고 가정하고 자신의 느낌을 대사로 표현하기(대사 카드) □ **수업 소감 나누기(5분)**	83쪽 86쪽 88쪽 104쪽

※ 활동 시간은 수업하는 교사에 따라 달라질 수 있음. 책에서 제시하는 이정석 교사의 수업 사례 역시 표에서 나타난 시간과 차이가 있음.

🎥 개발 과정

> 1. 자료 수집
>   1) 문헌 조사
>   2) 현장 조사 - 인터뷰

> 2. 프로그램 방향 설정

> 3. 프로그램 설계
>   1) 가치 재구성
>   2) 활동 디자인

> 4. 수업 시연

1. 자료 수집

1) 문헌 조사

다문화와 다문화 교육에 대한 사전 조사를 위해 교과서, 단행본, 논문, 웹사이트에서 자료를 모으고 검토했다. 이번 프로그램은 교실 수업으로 기획했기 때문에 초등학교 교과서부터 살펴보았다. 다문화 관련 내용은 여러 교과에서 다루지만 대부분 '외국 문화'를 소개하는 데 치중해 있었다. 주로 다른 나라의 옷, 음식, 건축물과 놀이를 체험하는 활동이 많았다.

도덕과 4학년 다문화 단원은 교과 특성 때문인지 다양한 문화를 소개하는 수준을 넘어, 인종과 국적을 떠나 우리 모두 똑같은 사람이라는 관점을 보여 주었다. 무엇보다 우리나라에 이주한 사람들을 소개하며 '우리는 모두 대한민국 사람입니다'라고 표현한 부분은 인상적이었다.

서점과 도서관을 다니며 다문화에 관한 단행본을 찾아 읽었다. 그중에서 이향규가 쓴 『후아유』는 깊은 감동을 주었고 여러 가지 생각을 열어 주었다. 이 책은 다른 문화를 소개한 것이 아니라 '다른 문화에서 온 사람이 살아가는' 이야기를 했다. 저자는 오랫동안 다문화 청소년, 결혼 이주 여성, 북한 출신 이주민을 만나고 이들을 돕는 일을 했다. 하지만 그의 이야기가 남달랐던 까닭은 저자 자신이 영국 남자와 결혼하여 대한민국 다문화 가정의 일원이 되었고 남편과 영국으로 이주한 뒤에는 외국인으로 살았기 때문이다. 책을 마무리하며 다문화에 대한 자기 생각을 다음과 같이 정리하였다.

> 이제껏 나는 이주민을 한 번도 대등하게 만나지 못했다. 나는 늘 관찰자 아니면 베푸는 사람이었다. 이런 불균형한 관계에서 내 판단이 얼마나 왜곡될 수 있는지 생각하지 못한 채 내가 이주민을 잘 알고 있다고 믿었다. 나는 어떤 결론을 내릴 수 없다. 내가 할 수 있는 일은 더욱 동등한 관계에서 이야기하고 듣는 것이다.

다문화에 관한 논문은 '다문화 감수성', '다문화 능력'처럼 개념과 필요성에 대한 주제, 다문화 주민이 겪는 어려움을 담은 질적 연구, 다문화 정책에 관한 연구가 대부분이었다. 그중에서 황정숙이 쓴 「소수자의 자기 존중 교육 방안」은 다문화 교육에서 '존중과 관용'의 의미를 이해하는 데 도움이 되었다. 저자에 따르면 다문화 교육에서 '다름'은 존중받아야 할 가치이지만, 다름을 실현하는 '존중과 관용'은 대체로 다수가 소수에게 베풀어 준다는 부정적인 의미를 가진다. 다름에 대한 인정만을 강조한다면 다수는 소수의 생각이나 행동에 눈을 감아 버려 무관심해질 수 있고, 소수의 관점에서는 다수가 자신에게 취하는 태도에만 민감해지게 만들어 진실한 자기 이해와 상호 이해에 이르기 어렵게 된다. 저자는 존중이나 관용이라는 말 자체보다 상대방에게 진심으로 관심을 가지고 진지하게 이해하려는 과정을 강조했다. 오랫동안 단일 문화 속에서 살았기 때문에 우리는 언제나 다수였고, 최근 우리를 찾아온 이주민, 외국인은 여전히 소수이다. 인종, 종교, 생활 문화가 서로 다른 사람이 만나 '똑같은 사람'이라는 관점으로 살아가려면 우리는 다수가 소수에게 베풀어 준다는 태도에서 벗어나 스스로 성찰하고 상대에게 관심을 가지는 소수자 정체성을 지녀야 한다.

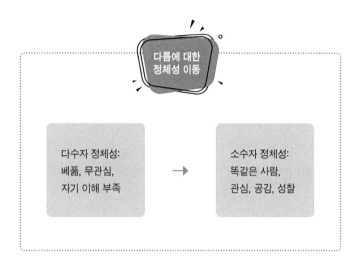

다름에 대한
정체성 이동

| 다수자 정체성:
베풂, 무관심,
자기 이해 부족 | → | 소수자 정체성:
똑같은 사람,
관심, 공감, 성찰 |

그다음으로 다문화에 관한 웹사이트를 검색했다. 다문화 관련 교육기관과 행정기관 누리집을 통해 우리나라 다문화 현황, 기관이나 단체가 다문화 가정을 위해 만든 행사, 그들을 지원하거나 교육하는 프로그램을 살펴보았다. 교육부나 문화관광부에서 만든 교재들은 '다문화 교육'을 '다양성 교육'으로 해석하여 '차이'를 긍정하는 교육 목표를 추구하였다. 이러한 관점은 '다름을 이해하고 차이를 즐긴다'라는 표현으로 요약할 수 있었고, 내용에서는 '존중', '배려', '공정'이라는 가치를 강조했다.

마지막으로 영화의 내용을 깊이 이해하기 위해 싱가포르 다문화 사회에 관한 자료를 검토했다. 레이몬드 감독의 소개로 만난 다문화 교육 전문가 로저는 싱가포르의 다문화 정책과 다문화 교육에 대해 자세히 설명해 주었고 싱가포르 교육 과정을 비롯한 여러 자료를 지속적으로 보내주었다. 이는 우리가 프로그램의 방향을 결정하는 데 큰 도움이 되었다.

자료를 수집하는 동안 익숙하지 않은 장소에서 영감을 얻으며 다문화 상황에 빠지려고 노력했다. 사진은 이슬람 사원 옆 터키 음식점 가파도키아와 아세안 문화원.

2) 현장 조사

다문화를 다룬 교과서 내용이나 그 밖의 자료에서 등장하는 인물은 우리가 식당에서, 지하철과 버스에서, 마트에서, 공사 현장을 지나갈 때 만나는 사람과 달랐다. 돼지고기를 안 먹는 무슬림과 소고기를 안 먹는 힌두인 제자는 아직 만나지 못했다. 인간이라면 누구나 고통과 기쁨을 느낀다는 사실에서 '우리는 모두 똑같다'라는 결론을 추론하는 것은 너무 성급하거나 단순한 판단이라는 느낌이 들었다. '우리 모두 대한민국 사람입니다'라는 말도 머리로는 이해할 수 있었지만, 가슴에 와닿지는 않았다.

『후아유』와 소수자 정체성 논문을 읽으며 그들의 이야기에 깊이 공감하였지만, 그들이 제안하는 방식은 우리가 생각하는 프로그램의 형태와 운영 방식이 달랐다. 웹사이트에서 찾은 교육 자료와 보도 자료는 운영하는 사람의 관점에서 계획과 결과 위주로 정리한 것이라서 행사에 참여한 사람의 경험을 구체적으로 알기 어려웠다. 특별한 행사 위주로 정리한 자료이다 보니 이주민이 겪는 일상적인 삶을 느끼기 어려웠다.

　문헌 연구를 통해 다문화의 개념과 다문화를 연구하는 사람들의 관심사를 알 수 있었다. 하지만 우리가 수업하고자 하는 지금 대한민국의 다문화 상황을 이해하기에는 한계가 있었다. 우리는 더 생생한 자료를 찾고 그런 경험을 하고 싶었다. 우리는 이주민 또는 이주민의 삶을 잘 알고 있는 사람과 인터뷰를 진행하기로 했다. 다문화 가정 지원 기관인 부산 사상 다문화건강가족지원센터, 탈북 학생 지원 단체인 장대현학교에서 현장 이야기를 들을 수 있었다.

　인터뷰 일주일 전 질문지를 만들어 인터뷰이에게 보냈다. 문헌 조사를 통해 알게 된 내용은 질문을 만드는 데 도움이 되었다.

　다문화건강가족지원센터에서는 센터를 이용하는 이주 여성의 경험, 이주민 가정의 사회 적응, 이주민 가정을 대하는 학교와 교사의 역할, 다문화 가정의 자녀들이 학교생활에서 겪는 어려움, 다문화 가정을 지원하는 지역사회의 역할, 센터에서 근무하는 스태프의 경험을 중심으로 열세 가지 질문을 하였다. 장대현학교에서는 학교생활에서 겪은 일, 탈북 학생이 한국 사회에 적응할 때 생기는 어려움, 그들이 편안함을 느끼는 시간과 공간, 대한민국에서 장대현학교의 역할을 물어보았다.

질문을 만들 때 특히 말에 대한 문제를 깊이 생각했다. 말은 의사를 표현할 수 있는 가장 직접적인 수단이고 나와 상대를 친밀하게 연결하는 도구이다. 하지만 새로운 공간에 왔을 때 맨 먼저 차이를 느끼게 하고 자신의 출신을 드러내는 꼬리표가 되기도 한다. 말은 상처를 주고받는 매개가 되기도 하고, 대한민국 사람으로 편입되는 마지막 장벽이 되기도 한다.

인터뷰 과정을 정확히 기록하기 위해 녹음기와 캠코더를 챙겼다. 인터뷰는 약속대로 진행되었다. 인터뷰이는 우리를 반갑게 맞아 주었고, 우리가 만들 프로그램의 중요성에 공감했고 최선을 다해 진지하고 성실하게 대답해 주었다.

우리는 인터뷰이가 보여 준 열정과 속 깊은 이야기에 빠져들었다. 예상대로 책과 현장은 달랐다. 두 단체에서 들려준 이야기는 우리의 예상을 빗나갈 때가 많았고, 우리는 연구하는 사람과 현장에서 일하는 사람의 차이를 느꼈다. 현장에서 일하는 사람들은 구체적인 사례를 들어가며 이야기했고, 그 내용은 사례마다 책 한 권은 거뜬히 쓸 수 있을 정도로 복잡하고 깊었다.

사상 다문화건강가족지원센터 인터뷰

장대현학교 인터뷰

　몇 달 뒤 싱가포르를 방문했다. 레이몬드 감독이 말한, 서로 다른 종교와 민족이 모여 살아가는 나라의 모습이 도무지 그려지지 않았기 때문이다. 레이몬드 감독과 광호 프로듀서는 싱가포르 다문화 교육 전문가 로저를 소개해 주었고, 싱가포르에서 다문화 사회를 경험할 수 있는 특징적인 장소를 알려 주었다. 로저는 싱가포르의 역사부터 학교와 사회의 다문화 교육에 관한 내용을 자세히 설명해 주었다. 일주일 동안 그곳을 돌아다니며 사진 찍고 글 쓰고 생각하고 질문했다.

공항에 마중 나온 레이몬드 감독(가운데)과
광호 프로듀서(오른쪽)

싱가포르 다문화 교육 전문가 로저(왼쪽)와
현지에서 통역을 해 준 정갑수 선교사(가운데)

인터뷰 녹음 자료를 전사한 뒤 원고를 반복해서 읽으며 다
문화 교육에 관한 내용을 간추리고 이를 핵심 키워드로 바꾸
는 코딩 과정을 반복한 끝에 세 가지 인터뷰 내용을 여섯 가
지 큰 범주와 열여섯 가지 작은 범주로 정리하였다. 이 내용
을 바탕으로 프로그램의 방향을 토의하였다. 그 내용 중 일
부는 다음과 같다.[5]

---

5)   자세한 내용은 인터뷰 전문 참조.

1. 공감대

1) 소속감

"우리나라에서 주민등록증을 받았을 때 감동은 말도 못하죠."
"내가 사랑받고 있고 소중한 사람이라는 생각이 들자 안정감이 생겼죠."
"이주 여성들은 국적을 취득하고 나면 대한민국 사람으로 살고 싶다는 생각이 강해요."
"국민은 자기 인종이 아니라 '우리는 싱가포르인'이라는 생각을 가집니다."

2) 생존

"압록강, 두만강 건너서 조선족 교회만 가면 살려준다는 소문이 있었어요."
"싱가포르는 아주 작은 나라이고, 인적자원이 전부이기 때문에 인종 간 조화가 아주 중요합니다."

3) 구별 금지

"기본적으로 다문화 아이들은 다문화라는 말로 불리고 싶어 하지 않습니다. 한부모 가정 아이들에게 '너 한부모 가정이지?'라고 물어보지 않는 것과 같습니다."

4) 자연스럽게

"우리가 '너희는 통일 인재야'라고 말하면 부담스러워해요. 젖어 들어서 자연스럽게 말이 나와야죠."
"우리나라 가족들은 처음부터 상대가 바뀌길 너무 많이 바라는 거예요."
"특별한 날 외에도 사회 수업에서 국가의 역사나 경제를 통해 자연스럽게 인종 화합을 가르칩니다."

2. 어울림

1) 섞여 살아가기

"처음 왔을 때 너는 중국, 너는 한국, 너는 북한이라고 하는데 섞여 지내다 보면 해결되는 문제가 많아요."

"결혼 이주 여성은 한국어 배우러 오는 것 외에는 거의 집에 있어요. 함께 어울려서 다닐 수 있는 그런 프로그램을 하면서 자기가 힘든 것을 내비치고 잠깐 쉬기도 해요."

2) 자존감과 수치심

"북한 사람에 대한 편견이 심해요. 북한에서 왔느냐고 물어보면 조선족이라고 말해요. 조선족은 2등 시민이라도 된다고 생각하지만, 자기들은 천민이라고 생각하거든요."

"청봉체라고 바위에 글을 쓰는 사람들이 있어요. 이 사람들 자부심이 대단해요. 30년 동안 붓글씨만 썼는데 여기서 할 수 있는 일은 식당에서 설거지하는 일밖에 없어요. 그런데 어떤 분이 하나원 소개로 통일 서예 강사가 되었어요. 그때부터 이 사람 자존감이 확 올라간 거예요."

3) 전체화 금지

"'강서구에 있는 유 모 씨가 이런 범죄를 저질렀습니다'와 '강서구에 있는 탈북민 유 모 씨가 범죄를 저질렀습니다'는 아주 다른 말이에요."

"박이화 학생이라 부르지 않고 탈북한 박이화 학생이라 부르면 불편해요."

4) 속마음 보여 주기

"자신이 겪었던 이야기를 하자 다른 아이들에게도 위로가 되었어요."

"자기들끼리 모임을 해서 가족 이야기, 육아 이야기를 하면 얼마나 좋겠어요?"

3. 문화 수용

1) 동정 거부

"학급 안에 북한 아이들이 있을 때는 동정하는 이야기는 안 하시면 좋겠고 아무래도 실수를 좀 허용해 주면 좋겠어요."

2) 기다림

"우리 학교에 온 애 중에는 진짜 북송당했거나 강을 건너다 잡혀 본 아이들도 있어요. 그걸 한 번 이야기하면 며칠 동안 악몽을 꾸거든요. 사람들 앞에서 이야기하는 게 쉬운 일이 아니에요. 한 5년 지나니 아이들도 이야기하기 시작했어요."
"상대와 충분히 교감한 뒤에 결혼한 게 아니잖아요. 의사소통이 잘 안 되는 게 당연한 거예요. 시부모도 잘 모셔야 하고 남편한테도 잘해야 하고 자녀도 잘 키워야 하고 경제 활동도 해야 하고. 그렇게 되기까지는 굉장히 오래 걸리는데 말이죠."

3) 동화주의

"배우자의 문화를 이해하려고 하는 게 아니라 무조건 따라오라고 말하는 사람들이 많아요. 결혼 이민자 여성도 우리가 외국 사람과 결혼하는 거랑 똑같아요. 말을 안 한다 뿐이지 참고 있는 거잖아요."

4) 타 문화로 생각하기

"좋고 나쁘고를 생각할 게 아니에요. 거짓말을 해야 살아남을 수 있었던 사람들이에요. 작은 위기를 느껴도 그 상황을 모면하려고 거짓말을 할 수 있어요. 생김새와 말이 같다고 생각도 비슷할 거라고 속단하는데 철저하게 타 문화라고 생각하고 도와줘야 해요. 그 사람이 나쁜 게 아니라 그런 시스템 속에 오랫동안 절어 있었기 때문이거든요."

인터뷰를 정리하는 방식도 고민했다. 인터뷰어도 여러 명이었고 인터뷰이도 여러 명이었기 때문에 각자 이름을 밝히고 말한 내용을 쓰니 글이 너무 산만해졌다. 그래서 무라카미 하루키가 『언더그라운드』에서 도쿄 지하철 사린가스 피해자의 인터뷰를 정리했던 것처럼 인터뷰 내용은 마치 한 명이 자기 이야기를 하는 것처럼 읽히게 윤색하였고 윤색한 내용은 인터뷰이에게 다시 보내어 내용을 검증받았다.

2. 프로그램 방향 설정

프로그램을 만들 때는 먼저 단위 수업 시간과 수업 횟수를 정한다. 이에 따라 수업 내용의 깊이와 활동 방식이 달라지기 때문이다. 이전에 『버팔로 라이더』 때 개발한 '재미있고 복잡한 인생 경주'는 창의적 체험 활동으로 활용하게끔 10차시로 만들었기 때문에 활동을 여러 단계로 구성하여 학생이 자기 삶을 깊이 돌아볼 수 있게 하였다. 『완두콩 배의 롤라』에서 평화의 가치를 체험하는 프로그램은 교실과 극장에서 대중적으로 적용할 수 있도록 영화를 본 뒤에 그 자리에서 30~40분가량 참여하는 4차시 프로그램으로 만들었다. 두 가지 프로그램 제작 경험을 바탕으로 이번 프로그램은 하루 동안 오직 영화로만 수업할 수 있도록 4차시 내외 프로그램으로 계획하였다.

수업 시간이 짧을수록 가르치는 범위는 좁고 그 내용은 선명해야 하기에 우리는 인터뷰 결과를 토대로 우리 가까이 살아가는 이주민과 다문화 가정을 이해하는 프로그램을 만들기로 하였다. 다른 나라의 옷, 음식, 건축물, 놀이와 축제를 배우는 다문화 수업은 학생이 그 나라를 여행하면서 배워도 늦지 않을 것으로 생각했다. 우리는 학생이 교실과 학교에서 만나는 사람, 식당과 마트에서 지나치는 사람, 이삿짐을 옮기거나 작업복을 입고 길가에 다니는 이주민과 다문화 가정, 외국인 노동자와 유학생의 마음을 이해하는 것을 목표로 했다. 우리보다 잘사는 나라에서 온 백인이 아니라 대체로 우리보다 못사는 나라에서 태어났고 우리말에 서툴며 세상 물정에 어둡고 소수자로 외롭게 살아가는 사람들. 더 나은 삶을 찾아 멀리서 온 그들의 절실한 마음에 공감하는 것이 필요하다고 생각했기 때문이다.

끝으로 활동을 구성할 방향을 세웠다. 우리는 학생이 영화 읽기를 통해 가치를 체험하여, 수업을 통해 배운 것을 실천하며 살아가도록 돕고 싶었다. 우리는 프로그램을 설계하면서 윤리학자 제임스 레스트James Rest가 제안한 '가치 있는 행동을 실현하기 위한 네 가지 요소'를 참고했다. 그의 이론에 따르면 가치 있는 행동은 네 가지 요소가 조화를 이룰 때 나타난다.

네 가지 요소는 가치의 개념과 문제 상황에서 최선의 선택을 찾는 '지식과 판단력', 문제 상황과 이에 대한 자신의 태도를 느낄 수 있는 '민감성', 자신이 선택한 가치를 수행하고자 열망하는 '동기화', 유혹에 저항하며 자신의 행동을 지속할 수 있는 '행동 기술'이다.

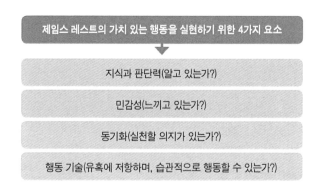

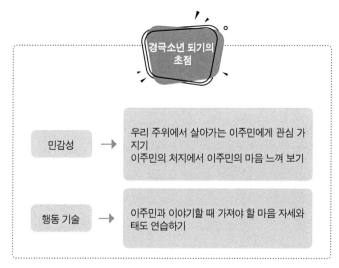

우리 프로그램은 네 요소 중에서도 이주민의 삶에 민감해지고(민감성), 그들과 대화할 때 지켜야 할 자세(행동 기술)를 기르는 데 초점을 맞추었다. 이주민, 다문화 가정, 외국인에 관한 객관적인 지식은 우리가 설명하기만 해도 학생들은 쉽게 알아들을 수 있고(지식과 판단력), 수업이 잘 진행된다면 학생들은 이주민, 다문화 가정, 외국인을 만났을 때 부담을 느끼지 않으면서 자연스럽게 이야기하려고 노력(동기화)할 것이기 때문이다.

3. 프로그램 설계

1) 가치 재구성

우리는 프로그램의 핵심 가치를 재구성한 뒤 이것을 체험할 수 있는 활동으로 디자인하였다. 인터뷰를 통해 우리 주변에 차이를 즐기지 못하고 차이 때문에 괴로워하며, 차이가 만들어 내는 차별에 고통받는 사람들의 이야기를 들었다. 우리는 존중, 공정, 배려 대신 자료 조사 과정에서 우리가 느낀 문제를 해결할 다른 가치를 찾아야 했다. 우리는 토의하고 그 과정을 녹음하여 공유했다. 회의를 마칠 때는 다음 회의까지 우리가 생각해야 할 과제를 구체적으로 정했으며, 책을 읽고 다문화와 관련된 상황을 관찰하고 느끼려고 노력했다. 영감이 떠오르면 대화방에 생각을 올렸고 같이 고민했다. 다음

모임에서 자신이 생각한 키워드나 가치를 말하고 근거를 대는 과정을 반복했다.

> - 겸손해야 할 것 같아요. 우린 이주민에 대해 아는 게 너무 없어요. 아는 게 없으면 배우려는 자세를 가져야 하고요. 배움은 겸손에서 시작하는 게 아닐까요?

겸손humility에 관한 자료를 찾았다. 겸손은 남을 존중하고 자신을 내세우지 않고, 자신을 남보다 우월하다고 생각하지 않는 태도였다. 윤리학자 토마스 아퀴나스Thomas Aquinas는 자신 모습을 있는 그대로 인정하는 자세를 겸손이라고 하였다. 겸손의 반대는 잘 알지 못하는 것을 아는 척하는 교만과 적은 것을 많은 것으로 포장하는 과시욕이다.

이주민의 처지를 잘 알지 못하면서 일방적으로 동정하고 이주민을 한국 문화에 동화시키려 하며 낯선 사회에서 어수룩해지는 그들의 모습을 우습게 여기거나 쉽게 판단하는 태도는 모두 교만한 모습이다. 조금만 도와주면 그들이 우리 사회에 쉽게 적응할 수 있을 것이란 생각과 느리게 적응하는 모습에 그들의 능력을 깎아내리는 태도 역시 겸손하지 못한 모습이다. 무엇보다 그들은 우리보다 아는 게 적고, 능력이 떨어지는 불쌍한 사람이니 무조건 우리가 도와주어야 한다는 생각이 과시욕이다. 겸손이란 가치를 놓고 이야기를 이어갔다.

- 우리 모두 특별하지 않다고 생각하는 게 겸손이라고 생각해요. 남과 나를 비교하지 않는 거죠. 오리 무리에서 자란 백조, 반짝이는 비늘을 가진 무지개 물고기, 아무런 쓸모가 없다고 여기는 강아지똥의 슬픔은 비교에서 생긴 게 아닐까요? 함께 살아가려면 부족한 게 뻔히 보이는 사람에게 '너에게는 우리에게는 없는 특별함이 있다, 너는 특별하다'라고 말하면서 또 다른 차이를 만들어 내는 대신 '우리 모두 별것 없다, 너나 나나 똑같다'라고 생각하는 자세를 가져야 하지 않을까요?

토의를 마무리하며 우리는 겸손을 무지의 가치를 깨닫는 과정으로 정리하였다. 우리가 무엇을 안다고 가정할 때보다 모른다고 가정할 때 더 많은 것을 배울 수 있고, 배우려는 의지를 가질 수 있기 때문이다. '앎'이 주는 가치와 다르게 '무지'는 더 많은 '앎'을 낳는 '앎의 어머니'였다. 서로 다른 문화에서 살아왔으니 상대방에게 함부로 대하지 않아야 하고, 알려면 물어봐야 한다. 낯선 환경에서 살아가는 이주민이 한국 사회에 여유 있게 적응하도록 재촉하지 말고 그들의 속도에 맞춰 기다릴 수 있어야 한다.

회의할 때는 칠판을 활용하였다. 우리는 생각을 마구 쏟아내고 의미 있는 내용은 칠판에 써두었다. 그 내용을 이리저리 옮기고, 무리 짓고, 다른 말로 바꾸면서 프로그램의 모양새를 갖추었다.

2) 활동 디자인

우리는 겸손이라는 가치로 재구성한 다문화 이해 교육 프로그램을 네 가지 주제로 정리하였다.

첫째, '우리 모두 특별하지 않다'라는 관점으로 다문화 사회를 바라보기.

둘째, 상대를 성급하게 판단하지 않기.

셋째, 무지의 가치를 느끼기.

넷째, 이주민과 다문화 가족의 처지를 이해하고, 그들에게 상처 주는 말을 하지 않기.

〈경극소년 리턴즈〉를 여러 번 보면서 네 가지 활동과 어울리는 장면을 연결했다. 먼저, '우리 모두 특별하지 않다'라는 전제를 영화 내용과 연결했다. 〈경극소년 리턴즈〉에 나오는 등장인물이 어떤 어른으로 성장할지 짐작하기 불가능한 것처럼 자신의 운명을 알 수 없다는 점에서 우리는 똑같이 불완전한 사람이다. 다음으로 '성급하게 판단하지 않는 자세'를 중심으로 영화를 읽었다. 영화 속에서 "손오공은 어느 나라 사람이냐?"라는 대사가 나온다. 손오공은 사람도 아니고, 국적도 없다. 그런데 경극의 배경이 된 나라를 손오공의 나라로 판단하기 쉽다. 끝으로 '무지의 가치'를 이야기했다. 모른다고 생각하는 사람은 어떤 내용을 조사하여 정확한 의미를 찾아낼 수 있지만, 어중간하게 아는 사람은 자신의 불완전한 생각을 맹신하여 틀린 개념을 오랫동안 지닐 수 있다. 그래서 앎은 '모른다는 고백'에서 출발하는 것이다. 우리는 영화를 본 뒤 오픈이 가진 자폐증을 이야기했다. 우리는 '자폐증'이라는 말을 아주 많이 들었지만, 자료를 찾아보니 우리가 알고 있는 내용은 일부분이었다. 조금 알고 있다는 생각은 종종 진실한 배움을 가로막는다.

우리는 〈경극소년 리턴즈〉 읽기 수업을 통해 학생이 경험해야 할 요소를 정했고, 학생이 수업을 통해 무엇을 어떻게 경험할지 상상하며 프로그램을 디자인했다. 우리는 다문화 사회에서 겸손의 가치를 체험하고 그 의미를 깊이 새길 수 있는 프로그램을 만들고 싶었다. 오래전부터 우리와 함께 살아왔고 지금도 꾸준히 우리 곁에 사는 이주민과 겸손하게 사귈 수 있는 경험을 만드는 그런 프로그램이다. 활동 주제를 곰곰이 생각하니 네 가지를 모두 가르칠 필요가 없겠다는 생각이 들었다. 무지의 가치나 겸손의 개념, 우리 모두 특별하지 않다는 전제는 우리가 알려 주는 것이 아니라 수업의 결과로 학생들이 깨닫는 것이기에 이 내용은 활동에서 빼기로 했다. 토의 끝에 이주민이나 다문화 가족, 외국인을 함부로 판단하지 않아야 한다는 깨달음을 얻을 수 있는 활동과 그들의 마음에 공감하고 그들에게 상처 주지 않는 말을 연습해 보는 활동으로 프로그램을 디자인하였다.

덧붙여 다문화라는 주제를 중심으로 영화를 읽을 수 있도록 영화의 배경인 싱가포르 다문화 사회의 특징을 소개하는 활동과 영화 읽기 수업을 마친 뒤에 프로그램을 평가할 방법을 의논했다.

만들고 버리고 다시 만드는 과정을 반복하며 더 선명하고 직관적이며 학생이 쉽게 참여할 수 있도록 고쳤다. 이번 프로그램에서는 몇 가지 새로운 형태를 적용하였다.

첫째, '관람 전 활동'을 도입했다. 다문화에 집중하기 위해 영화의 배경이 되는 싱가포르 다문화 사회를 영화 속 등장인물과 연결하여 안내하는 활동을 만들었다.

둘째, 관람 전후 활동을 묶어 하나의 활동이 되도록 디자인하였다. 관람 전에 영화의 일부를 편집해서 보여 주고 그 상황을 상상해 보게 한 다음 실제 영화 속에서 나타난 장면과 비교함으로써 성급하게 내린 판단의 맹점을 체험하게끔 했다.

셋째, 영화의 주요 소재인 경극을 모티브로 한 '관람 후 활동'을 계획하여 영화와 영화 읽기 활동의 결합력을 높였다. 이 주민과 다문화 가정 구성원의 처지를 연극으로 체험하며 그들의 감정을 이해할 수 있게 하였다.

끝으로 학생들이 쓴 학습지, 소감문, 발표를 녹화한 영상, 사전 사후 검사지를 통해 프로그램을 입체적으로 평가해 보기로 했다.

4. 수업 시연

수업 계획을 세우는 것과 수업 자료를 만드는 것은 다른 차원이다. 내용을 잘 담으면서도 한눈에 이해할 수 있고, 아름다우면서도 완성도가 있으며 학생의 호기심을 자극할 수 있는 자료를 구상해야 했다. 우리는 관람 전 활동에 쓸 프레젠테이션 파일, 편집 영상, 학습지와 관람 후 활동에서 쓸 대사 카드를 만들고 테스트하였다. 이 중에서도 경극소년 되기 활동에 쓸 카드를 만드는 데 공을 많이 들였다. 활동을 설명하는 문장을 많이 넣을수록 활동 카드는 복잡해지고 산만해졌다. 의논 끝에 말로 설명할 수 있는 내용은 카드에서 모두 지웠다. 완성한 카드는 우리가 직접 시연하면서 명료한 질문과 그렇지 않은 질문으로 구분하였고 질문을 다듬었다.

수업 당일에는 교실에 캠코더를 설치해 전체적인 모습을 촬영하고 개별 학생 활동 모습은 스틸 카메라에 담아 수업을 기록하기로 했다.

수업이 진행되는 동안 학생이 어떤 반응을 보이고 어떤 배움을 얻을지에 대한 기대가 컸던 만큼 예상한 경험이 만들어지지 않거나 프로그램이 제대로 운영되지 않으면 어떡하나 하는 두려움도 컸다.

'경극소년 되기'
수업 사례

🎞️ 수업 전날

교사가 된 뒤 첫 번째 학교에서 하던 공개 수업은 할 때마다 긴장되었다. 경력이 쌓이고 공개 수업에 익숙해질 때 즈음 학부모의 관심은 내가 아니라 학생이란 것을 알게 되면서 긴장이 풀어졌다. 동료 교사에게 공개하는 수업 역시 잘하든 못하든 이해해 줄 거라는 마음으로 편하게 했다. 어느 순간부터 공개 수업이라고 따로 특별한 수업 자료를 준비하지 않았다. 긴장하던 시절에는 평소처럼 수업하더라도 활동 자료를 예쁘게 만들려고 노력했고, 수업이 끝난 뒤 한 아이로부터 "오늘 준비 좀 하셨네요"라는 말을 듣기도 했다. 그러나 요즘은 어지간하면 그런 자료조차 만들지 않을 때가 많다. 유일한 차이라면 좀 더 단정하고 깔끔한 옷을 입는다는 것이다.

그런데 영화 읽기 수업을 하려고 할 때면 마음가짐이 달라진다. 학교 일정에 따라 억지로 하는 공개 수업이 아닌 매주 월요일마다 모여 연구한 결과물을 대표로 실행한다는 책임감과 함께 열정이 생기기 때문이다. 이번 수업 전날도 이전과 다르지 않았다. 텔레그램 채팅방에서 의논하며 새벽 1시까지 수업 흐름, 수업 자료, 활동, 학습지에 대해 보완을 이어갔다. 이태윤 선생님은 수업의 전체적인 흐름을 다시 한 번 이야기했다. 인물 소개에서 '인도계 라자'라고 할지 '인도에서 온 라자'라고 할지, 활동 제목을 바꿀지, 활동 진행 방식을 어떻게 할지 함께 고민했다. 정동준 선생님은 아이들이 몰입할 수 있도록 활동 카드를 예쁘게 만들어 주셨다. 영화 읽기 수업을 할 때마다 예상을 뛰어넘는 멋진 자료를 만들어 주신다. 수업의 요점, 진행 방법, 자료를 모아 아이들과 함께 볼 수 있는 프레젠테이션 자료를 만들었다.

저녁 9시부터 새벽 1시까지 쉬지 않고 4시간 동안 모든 것을 쏟아 부었다. 전반적인 정리를 마치니 머릿속에 수업 진행이 그려졌고 다음 날 수업에 대한 불안은 기대로 바뀌었다. 대부분 주어진 일을 해결하며 살아가는 나에게 프리즘에서 연구하는 수업은 내가 원하는 삶을 살아가고 있다고 느끼게 한다.

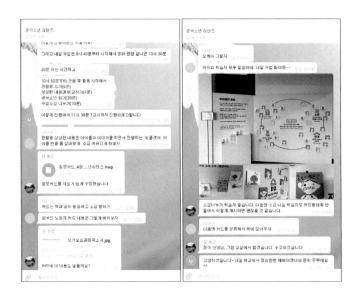

연구진이 네 명이라도 서로 직장이 다르고 집이 멀다 보니 주 1회 정기 모임만으로는 프로젝트를 진행하기 어려울 때가 많았다. 해마다 연구하면서 연구에 필요한 자료를 수집, 정리, 공유하기 위한 우리만의 플랫폼이 필요했다. 일상적인 의사소통은 SNS를 이용했고 화상회의는 구글 행아웃을 활용했다. 자료 공유는 구글 드라이브를 활용했고 온라인 카페에는 여러 가지 연구물을 축적했다. 연구 성과 확산을 위해 블로그와 홈페이지를 운영하고 온라인 커뮤니티에 참여했다. 제한된 시간 동안 효율을 높이기 위해 회의를 진행하는 순서와 방식부터 회의 내용 기록과 정리를 비롯해 인터뷰를 전사하여 코딩하는 방식까지 하나하나 시행착오를 겪으며 우리에게 적합한 연구 형태를 찾아야 했다. 우리는 프로그램을 개발하는 동시에 프로그램을 개발하는 우리의 연구 방법을 갖추기 위해 노력해왔다.

영화 읽기와 가치 수업, 다문화 이해

🎥 수업 날 아침

드디어 결전의 날이 밝았다. 학교에 와서 프레젠테이션 파일에 영상과 소리가 잘 나오는지 확인하고 질문 카드를 출력했다. 기본적인 수  업 준비를 마치고 수업 흐름에 대해 다시 한 번 생각했다. 아이들은 쉬는 시간을 목숨처럼 소중히 여긴다. 쉬는 시간을 방해하지 않으면서 수업에 몰입할 수 있도록 활동 시간을 안배했다. 수업을 10분만 일찍 시작하면 10시 30분 쉬는 시간 전에 영화 관람을 끝낼 수 있을 것 같았다. 하지만 수업은 언제나 계획대로 되지 않을 때가 많다. 그래서 20분을 당겨 8시 40분부터 시작하려 했다. 역시나 변수가 생겼다. 우리 반 동선이가 학교에 오지 않았다. '기다리면 오겠지' 하고 5분을 더 기다렸다. 그런데도 오지 않았다.

'동선이는 언젠간 오겠지. 그런데 이 시간을 놓치면 10시 30분을 넘기게 된다. 영화 때문에 1교시 쉬는 시간을 놓쳤는데 20분이나 되는 중간놀이 시간까지 뺏으면 아이들이 이성을 잃을지도 모른다'라는 생각이 들었다. 그렇게 되면 오랫동안 준비한 관람 후 활동을 제대로 적용할 수가 없게 된다. 걱정이 겹겹이 쌓였다.

동선이 어머니께 전화를 걸었다.

"동선이 30분쯤에 출발했어요. 선생님. 알리미에도 등교했다고 떴는데 안 왔나요?"

"네, 아직 안 왔습니다. 좀 더 기다려 보겠습니다."

'아, 새벽 한 시까지 준비한 수업인데…. 동선아, 빨리 와라'라고 기도했지만, 간절함도 시간을 멈추진 못했다. 8시 55분, 아직 동선이는 오지 않았다. 더는 미룰 수 없어 수업을 시작했다. 다행히 5분 뒤 동선이가 도착하여 함께 수업에 참여했다.

🎬 관람 전 활동 - 활동 목표와 프로그램 소개(3분)

> 🧑 우리나라에 사는 이주민과 외국인은 몇 명쯤 될까요?

아이들은 떠오르는 대로 마구 대답했다. 내가 200만 명이 넘는다고 하자, "와~ 많다"라고 이곳저곳에서 놀라는 소리가 들렸다.

> 🧑 앞으로 더 많은 이주민과 외국인이 우리와 함께 살 것이고 여러분 중에도 외국에서 일하며 살아가는 사람이 많을 거예요. 우리나라는 오랫동안 단일 민족으로 살아왔기 때문에 다른 문화에서 온 사람과 함께 살아가는 데 부족함이 많아요.

> 👧 선생님, 단일 민족이 뭐예요?

> 🧑 미국이나 싱가포르는 여러 나라에서 온 사람들이 함께 살기 때문에 다민족이라 부르고, 한국이나 일본은 거의 한민족으로만 모여 살았기 때문에 단일 민족이라고 해요.

학창시절 나는 우리나라가 단일 민족으로 이루어졌다는 말을 많이 들었다. 선생님은 우리가 단일 민족인 것을 자랑스럽게 말씀하셨고 나도 그렇게 받아들였다. 그런데 요즘 아이들은 이런 말을 거의 듣지 못한 것 같다. 다문화 사회로 변해 가는 과정에서 자랐기 때문이다.

오늘의 활동 목표 '〈경극소년 리턴즈〉를 통해 우리나라에 사는 이주민과 외국인을 대하는 태도를 경험해 봅시다'를 칠판에 적었다. 활동 목표를 쓰고 나니 아이들이 이주민이라는 말을 알고 있을지 궁금해졌다.

이주민이 무슨 말인지 아나요?

몰라요.
외국 주민이요.
북한사람이요.

이주민은 다른 나라에서 태어났지만, 여러 가지 이유로 우리나라에 사는 사람을 부르는 말입니다.

그러면 외국인도 이주민에 포함되는 거 아닌가요?

외국인이라는 표현은 범위가 아주 넓어요. 이주민은 대한민국 사람이 되고 싶어서 우리나라에 온 사람이에요. 외국인 중에는 이주민도 있고 외국인 노동자와 유학생도 있어요. 물론 우리나라에 잠시 머물다가 떠나는 관광객도 있어요. 이번 수업에서는 오랫동안 우리나라에서 살아온, 앞으로도 살아갈 사람들에 관해 이야기해 보려 합니다.

지난번 영화 읽기 수업 제목은 '복잡하고 재미있는 인생 경주'였지요? 오늘 수업 제목은 '경극소년 되기'입니다.

그리고 와양Wayang을 기억하는지 물어보았다. 이번 수업 며칠 전 운명처럼 우리 반 아이들은 아세안문화원에서 체험 학습을 했다. 해설사 선생님이 아세안 국가의 문화를 소개해 주었는데 그중에 와양도 있었다. 아이들은 그것을 기억해 인형극이라고 대답했다. 즐거웠던 아세안문화원 체험 학습이 생각났는지 아이들 얼굴이 환해졌다. 아이들 얼굴을 보니 수업 걱정이 사르르 녹았다. 아이들에게 오늘은 너희가 연극의 주인공이 될 거라 말하며 영화를 소개했다.

관람 전 활동 - 영화의 배경 소개(4분)

> 오늘 함께할 영화는 〈경극소년 리턴즈〉라는 싱가포르 영화인데 이 영화를 선택한 이유는 싱가포르라는 나라의 특징 때문이에요. 싱가포르는 인종, 종교, 문화가 서로 다른 사람들이 함께 만든 나라입니다.

이어서 영화 속 인물을 소개했다. 말레이시아계 싱가포르인 알리, 인도계 싱가포르인 라자, 중국계 싱가포르인 베이베이와 오픈, 유라시아계 싱가포르인 바오얼.

말레이시아계와 같이 '무슨 계'라는 말을 아이들이 잘 모를 것 같아 등장인물의 부모님 출신에 따라 붙인 이름이라고 말해 주었다. 이런 방식이라면 여러분은 한국계 한국인이라고 부를 수 있다고 했다. 좀 더 자세히 미국계 한국인과 한국계 미국인의 차이를 설명해 주었다.

아이들은 아주 신기한 이야기를 들은 듯 눈을 동그랗게 뜨고 내 말에 집중했다.

〈경극소년 리턴즈〉 영화를 선정한 이유와 등장인물에 대한 간단한 설명을 한 뒤 '보이는 것, 보이지 않는 것' 활동으로 넘어갔다.

🎞 관람 전 활동 - 보이는 것, 보이지 않는 것 ❶(12분)

문화가 다른 사람이 만날 때 필요한 것은 상상력과 관찰력이라고 설명하며 '보이는 것, 보이지 않는 것' 활동을 진행했다. 텔레비전 화면에 한국 사람과 베트남 사람의 사진을 보여주었다.

 화면 속 한국에서 태어나서 자란 사람과 베트남에서 태어나서 자란 사람은 어떤 공통점이 있나요?

 사람이에요.
 여자예요.

 맞아요. 그런데 음식, 예절, 사고방식, 풍습에는 차이가 있어요. 그래서 한국 사람이 베트남 사람을 만나거나 베트남 사람이 한국 사람을 만날 때는 상상력과 관찰력이 필요해요.
사람을 만날 때 어떤 사람일까 상상하고 상상에서 끝내는 것이 아니라 관찰까지 이어져야 해요. 그러면 먼저 '보이는 것, 보이지 않는 것' 활동을 해 볼게요.
첫 번째, 영화 속의 한 장면의 소리를 들려줄 것입니다. 어떤 상황에서 나는 소리일지 상상해 보세요.

소리만 들려준다는 말에 선빈이는 귀에 손을 가져다 대었고 엎드려있던 세은이는 허리를 세웠다.

영화 속에서 오픈이 고함을 치는 장면의 소리를 들려주었다. 아이들은 대체로 표정이 어두워졌고 어떤 아이는 소리에 집중하려는지 눈을 감기도 했다.

소리에 집중하려고 눈을 감은 아이와 손을 모아 귀에 대는 아이

소리를 들으니 어떤 느낌이 드나요?

기쁘지도 않고 슬프지도 않아요. 기분이 묘해요.

두 가지 느낌이 나요. 아기 낳을 때 소리를 지르는 것 같기도 하고, 집에 이상한 사람들이 찾아와서 문을 두드리는데 문틈으로 보니 그 사람들이 너무 무섭게 보여서 소리 지르는 장면 같아요.

아이가 맞는 것 같아서 속상해요.

부모님께 혼나서 울고 있는 느낌이에요.

싸우고 있는 것 같아요.

익숙한 소리 같아요. 바쁜 아침 일상을 준비하는 아이의 모습이 떠올라요.

바퀴벌레가 나와서 소리 지르는 것 같아요.

씨앗 깨기 놀이하다가 찍혀서 아파하는 것 같아요.

영화 읽기와 가치 수업, 다문화 이해

아이들은 괴성에 초점을 두고 부정적인 일이 일어나는 것 같다고 말했다.

🧑 이번에는 영화 몇 장면을 이어서 보여 줄게요.

아이들에게 오픈이 나오는 몇 장면을 편집하여 보여 주었다. 오픈과 오픈 친구들이 나온 장면을 보면서 마치 아이들은 퀴즈를 풀듯이 "쟤는 중국계, 오픈이다!", "베이베이다!", "그림 진짜 잘 그린다!"라는 이야기를 했다.

오픈에 집중해서 보라고 말하며 영상을 한 번 더 보여 주었다.

🧑 오픈은 어떤 인물일 것 같나요?

🧑 그림도 잘 그리고 봉도 잘 돌리는 재주 많은 아이일 것 같아요.
🧑 부끄러움이 많은 아이일 것 같아요.
🧑 혼자 있고 싶어 하는 아이 같아요. 친구가 왔는데도 무시하고 혼자 그림을 그려요.

🧑 오픈은 어떤 성격일 것 같나요?

🧑 소심한 성격일 것 같아요.
🧑 다른 친구를 무시하는 성격 같아요.

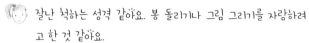 잘난 척하는 성격 같아요. 봉 돌리기나 그림 그리기를 자랑하려고 한 것 같아요.

말이 없는 성격일 것 같아요.

다양한 의견이 나왔지만, 아이들은 자기 생각에 확신을 갖지 못했다. 편집된 영상을 보며 아이들은 일부분만 보고 그 사람을 판단하는 경험을 했다. 아이들이 우리가 개발한 프로그램에 참여하면서 눈에 보이는 것으로 사람을 판단하지 않는 태도가 길러지기를 기대했다.

영화를 상영할 준비를 했다.

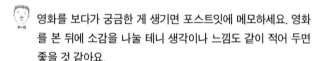 영화를 보다가 궁금한 게 생기면 포스트잇에 메모하세요. 영화를 본 뒤에 소감을 나눌 테니 생각이나 느낌도 같이 적어 두면 좋을 것 같아요.

영화가 시작하지도 않았는데 포스트잇을 받자마자 궁금한 점을 쓰는 아이들도 있었다.

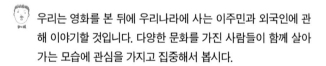 우리는 영화를 본 뒤에 우리나라에 사는 이주민과 외국인에 관해 이야기할 것입니다. 다양한 문화를 가진 사람들이 함께 살아가는 모습에 관심을 가지고 집중해서 봅시다.

🎥 관람 후 활동 - 관람평 쓰기(12분)

사전 활동 때문인지 아이들은 숨은그림찾기를 하듯 집중해서 영화를 보았다.

🙂 영화를 본 느낌을 써 주세요.

아이들은 잠시 허공을 바라보다 글을 썼다.

🙂 모둠 친구들과 소감을 나누세요. 여러 소감 중 하나를 추천해서 전체 친구들에게 들려주면 좋겠습니다.

아이들은 평소와 다르게 아주 진지하게 자기들 이야기를 쏟아냈다. 보람과 짜릿함이 동시에 느껴졌다.

모둠 활동이 끝난 아이들은 자기가 모둠 대표로 발표하겠다고 나섰다. 그래도 힘겹게 하나를 골라서 발표를 시작했다.

경극에 나왔던 칼싸움이 재미있었습니다.

아이들의 말을 그대로 받아들이려고 노력했다. 영화 읽기에서 아이들의 이야기를 평가하면 머지않아 아무도 발표하지 않을 것이기 때문이다.

오픈이 그린 그림을 뺏길 때 〈버팔로 라이더〉에서 제니가 그림을 뺏긴 장면이 떠올라 놀라우면서 신기했어요. 그리고 오픈이 혼자 그림을 그리고 있을 때는 분로드가 왔다 당하는 것처럼 슬프고 무서웠어요.

이 대답을 들으니 아이들과 〈버팔로 라이더〉 영화로 '복잡하고 재미있는 인생 경주' 수업을 한 보람이 느껴졌다. 아이들은 친구의 감상평을 들으면서 서로 의견을 들어주고 깊이 생각하는 모습을 보여 주었다.

오픈과 친구들이 무대에 나가 공연하는 것이 제일 감격스러웠어요. 자폐증이 있는 오픈이 멋지게 공연을 마쳤기 때문이에요.
이 영화를 보고 내가 집중한다면 불가능한 것을 깰 수 있다는 것을 알게 되었어요.
오픈이 자폐증을 이겨내고 공연을 마무리한 것이 대단하고 신기했습니다. 〈증인〉이라는 영화를 봤는데 거기 나오는 자폐증 있는 사람이 "솔직히 힘들다"라고 말했었습니다. 그걸 생각하니 오픈이 대단한 것 같습니다.

영화 읽기와 가치 수업, 다문화 이해

아이들은 대체로 오픈에게 관심이 많았지만, 영화 속 등장 인물을 서로 비교하며 말하기도 했다.

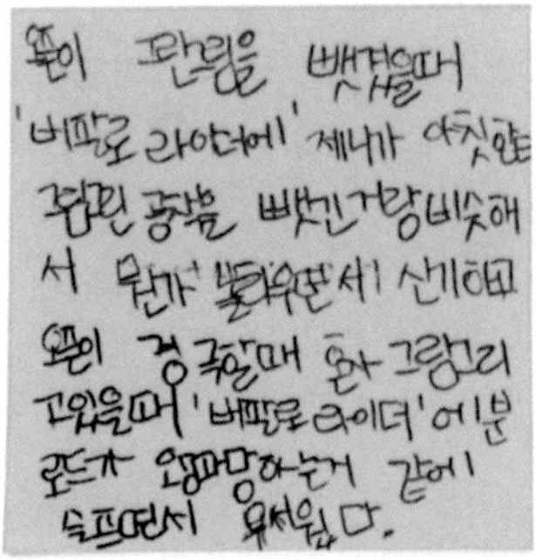

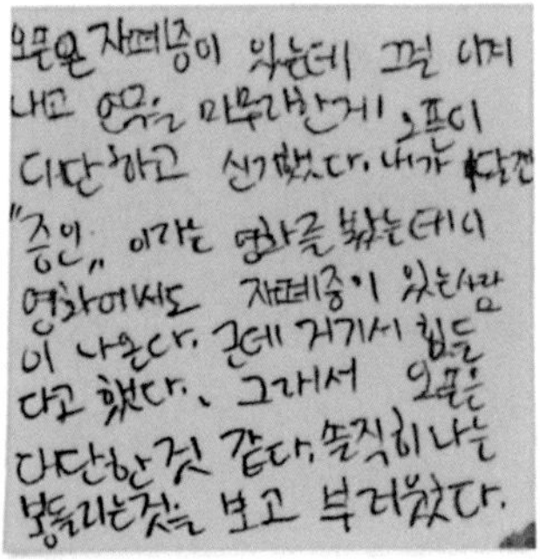

🎬 관람 후 활동 - 보이는 것, 보이지 않는 것 ❷(5분)

영화를 보기 전에 소리를 듣거나 편집한 영상을 보고 상상한 내용과 실제 영화 속에서 나타난 장면을 견주어 이야기해 봅시다. 두 가지 생각이 다르다면 어떤 이유로 차이가 생겼는지 이야기해 주세요.

소리만 들었을 때는 집안에서 싸움이 일어나서 소리를 지르는 줄 알았는데 오픈 친구들이 그림책을 뺏어서 소리를 지른 거였어요. 환경과 장소에 대한 예상이 달라서 차이가 생긴 것 같아요.

인물의 표정이나 몸짓을 볼 수 없어서 차이가 생긴 것 같아요.

처음에 '경극소년 리턴즈'라는 제목을 들었을 때 경극이라는 말을 제대로 이해 못 해서 상상할 때 무슨 장면일지 몰랐어요. 그런데 영화를 보니까 어떤 것을 설명하는지 알게 되었어요.

처음에는 바퀴벌레가 생각나서 소리를 지르는 모습으로 생각했어요. 교실에서 일어난 일이라고는 상상 못 했어요.

처음 소리를 들었을 때 가정폭력 이야기일 줄 알았는데 알고 보니 자폐증이 있는 아이가 경극소년이 되기까지의 이야기였어요.

우리가 왜 집이라고 생각했느냐면 집에서 자주 혼나잖아요. 그래서 그런 편견과 고정관념을 가지고 단정 지은 것 같아요. 그래서 부끄러웠어요. 고정관념이 너무 뚜렷한 것 같아서요.

그러자 친구들이 "오~ 고정관념!" 하면서 손뼉을 쳤다. 아이들이 말하고 싶었던 단어를 말해 주어서 기뻤던 것 같다.

아이들에게 실제 모습을 보지 못했기 때문에 그런 상상을 했을 거라는 이야기를 하며 '경극소년 되기' 활동으로 넘어갔다.

아이들은 소리를 듣고 상상하는 활동에 관심이 많았는지 편집한 영상에 관한 이야기는 나오지 않았다. 이런 상황을 알아차렸을 때는 이미 다음 활동을 안내한 뒤였다. 아쉬움이 남았지만, 이것도 수업의 일부라 생각하기로 했다.

🎬 관람 후 활동 - 경극소년 되기(40분)

바오얼과 오픈이 그림 자 인형극을 하며 이 야기 나눴던 장면 기 억하나요? 오픈과 바 오얼처럼 손가락에 인형을 끼고 이야기 하지는 않겠지만, 짝

과 함께 한 명은 질문하고 다른 한 명은 답하는 경극을 할 거예 요. 이제 질문 카드에 들어간 내용을 소개하도록 할게요.

여러 가지 질문 카드가 있습니다. 질문 카드에는 우리나라에서 살아가는 이주민과 외국인이 듣기 싫어하는 말 또는 들었을 때 힘이 되는 말이 적혀 있습니다. 여러분이 이주민과 외국인이 되 었다고 생각하면서 카드에 적힌 말을 들었을 때 어떤 느낌이 드 는지 써 보세요. 어떤 행동을 하고 싶다면 극본을 쓸 때처럼 괄 호 속에 넣으면 됩니다. 한 장을 다 쓴 학생은 다른 카드를 가져 가서 계속 쓰면 됩니다.

아이들은 카드에 적힌 말을 읽으며 곰곰이 생각 했다. 다른 아이들이 왔나 싶을 정도로 교실이 조용 했다. 카드에 적힌 말이 아

이들 마음에 와닿은 것 같았다.

영화 읽기와 가치 수업, 다문화 이해

질문 카드 활동을 마치려고 하니 몇몇 아이들이 시간을 더 달라고 하였다. 뭔가 할 말이 많은 듯했다.

 발표 연습을 하겠습니다. 카드에 적힌 말을 짝이 읽어주면 자기가 쓴 말을 연극을 하듯 실감 나게 읽으면 됩니다. 자신과 짝이 쓴 카드를 모두 읽은 뒤에 친구들 앞에서 발표할 카드를 한 장만 골라주세요.

누구 하나 딴짓하지 않고 카드를 읽었다. 감정을 실어 읽었는지 여기저기 웃음소리도 들렸다. 시간이 흐를수록 더 깊이 몰입한다는 느낌을 받았다.

 발표하고 싶은 카드가 많겠지만 그래도 가장 와닿는 카드 한 장만 골라 발표하겠습니다. 자신이 발표하는 카드를 고른 이유와 발표 연습을 할 때 들었던 느낌도 같이 이야기해 주세요. 지금부터 여러분이 경극의 주인공입니다. 멋진 발표를 부탁합니다.

첫 발표의 수준에 따라 이어지는 발표의 질이 달라질 때가 종종 있다. 여러 학생이 손을 들었지만, 평소에 발표를 잘하는 준우에게 첫 번째 기회를 주었다.

A: 저 사람은 외국에서 와서 우리말을 잘 못 알아들어. 그냥 무시하고 말하면 돼.

내가 한국말을 잘 못 하고 한국 문화를 잘 모른다고 수군거리는 말을 들었다면,

"저 사람은 외국에서 와서 우리 말 잘 못 알아들어. 무시하고 말하면 돼."

"(소리를 지르며) 너 왜 나를 왕따시켜. 네가 그렇게 잘났어? 그래, 나 왕따시켜! 왕따시켜 보라고!

준우의 발표에 아이들은 손뼉을 쳤다. 순식간에 분위기가 달아올랐다. 그 내용을 고른 이유와 말하고 난 느낌을 이야기해 보자고 했다.

이 카드를 고른 이유는 화내고 소리 지르는 게 재밌기 때문입니다.

화내니까 재밌는 느낌만 있었나요?

따돌림을 받는 친구들이 어떤 느낌인지 알 것 같았어요.
저는 화내니까 기분이 좋았어요. 스트레스가 풀렸어요.

영화 읽기와 가치 수업, 다문화 이해

좋아요. 그러면 준우의 말을 들은 상대는 어떤 기분이 들까요?

기분이 나빠서 화낼 것 같아요. 그리고 싸움이 날 것 같아요.

그러면 둘이 잘 지낼 수 있을까요?

네. 그럴 수 있을 것 같아요.

말하고 나서 기분은 어떤가요?

말하고 나서는 기분이 좀 풀릴 것 같은데 화내다 보면 싸우게 될 것 같아요.

그렇게 되면 좋게 된 겁니까, 나쁘게 된 겁니까?

나쁘게 된 거예요.

준우도 나쁘게 되었다고 생각하는군요. 화를 내서 그때는 좋았지만, 나중에는 사이가 나빠질 수도 있잖아요.

준우가 화를 내는 모습에 평화주의자(?)인 나는 화를 내는 것은 나쁘다는 결론을 내려고 유도했다. '복잡하고 재미있는 인생 경주' 활동의 핵심 내용이 이분법으로 생각하지 말기였는데 내가 흑백논리로 말한 것이다. 게다가 이번 수업의 핵심은 나와 다른 사람을 민감하게 느끼는 것이다. 그래서 학생들이 스스로 깨달을 수 있게 기다려 줘야 했는데 내가 너무 개입한 꼴이 되었다. 나도 모르게 아이들에게 내 생각을 강요하는 듯했다. 습관이 무섭다.

영화 읽기와 가치 수업, 다문화 이해

A: 한국에 살면 한국 사람처럼 행동해야지. 안 그러면 놀림 받아.

어머니 나라인
베트남 문화를 버리고
무조건 한국 문화만
따르라는 사람에게 하고 싶은 말은,

"한국에서는 한국 사람처럼 행동해야지, 안 그러면 놀림 받아."

"한국에서는 꼭 한국 사람처럼 행동해야 하는 게 아니야. 한국은 다 함께 문화를 존중하는 화려한 나라거든. 그러니까 꼭 한국 사람처럼 행동 안 해도 돼."

아이들은 '오~'라는 소리를 내며 손뼉을 쳤다. 친구가 아주 멋진 말을 했을 때만 나타나는 반응이다.

😊 제 생각을 쓸 때 가장 와닿은 카드예요. 말할 것도 가장 많았고요. 그런데 친구들 앞에서 말하는 게 좀 부끄러워요.

😊 현민이가 발표하는 것이 부끄러웠는데, 했던 말은 어떤 느낌이었나요?

😊 차분한 느낌의 말 같아요.
😊 저랑 다르게 현민이 카드는 문장 속에 자기 생각이 잘 드러나 있어서 좋았어요.

A: 도움이 필요하면 자기가 먼저 얘기
하겠지. 일부러 다가가서 친한 척하
고 그러지 마.

우리나라 생활에 어려움을 겪는
친구에게 관심을 끊으려는
사람에게 하고 싶은 말은,

"도움이 필요하면 자기가 먼저 이야기하겠지. 일부러 다가
가서 친한 척하고 그러지 마."

"그래, 친한 척하지 마. 나도 너처럼 인성 더러운 애랑 안 친
해지고 싶어, 어!"

 통쾌해서 골랐어요.

 저도 통쾌해요.

 통쾌하면 문제가 해결될까요?

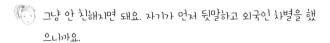 그냥 안 친해지면 돼요. 자기가 먼저 뒷말하고 외국인 차별을 했
으니까요.

이 둘의 대화도 화를 내는 것 같아 내가 통쾌하면 문제가
해결되는지 물었다. 다문화를 받아들이는 올바른 방법은 불
합리한 점을 느끼고 용기를 내어 말하는 게 아닐까 싶었다.

A: 쟤는 엄마가 베트남 사람이니 잘 대해 줘라.

내가 이 말을 들은
베트남 엄마의 아들이라면,

"쟤네 엄마가 베트남 사람이니 잘 대해 줘라."

"(주먹 쥐며) 야! 너는 만약 너희 엄마가 외국인이면 내가 너희 엄마 모욕하면 좋냐? 그리고 우리 엄마가 베트남 사람이면 어때. 너랑 너희 엄마처럼 말을 막 하지 않는데. 그리고 너처럼 나쁜 말은 안 해."

둘의 발표가 끝나자 선빈이가 손을 번쩍 들고 이야기했다.

승진이 칭찬할 점을 찾았어요. 화내는 장면일 때 주먹을 꽉 쥐고 이야기했어요.

(자랑스러운 듯) 대본에 적어 둔 거예요.

뭔가 짜증 났는데 그 짜증 난 마음을 말해 주고 싶었고. 친구들도 외국에서 이런 상황이 있으면 이렇게 말하면 좋을 것 같아서 골라 봤습니다.

아이들은 점점 민감해졌다. 감각의 눈이 뜨인다고 할까? 친구의 발표를 듣고 자기 생각을 말하는 과정이 진행될수록 듣고 말하는 과정이 자연스러워졌고, 평소에 보지 못한 친구의 말과 행동을 발견하였다. 이주민과 외국인에 관한 민감성을 기르는 시간이었지만, 다른 사람을 자세히 관찰하고 이야기하는 능력은 어디에나 필요한 것이다.

영화 읽기와 가치 수업, 다문화 이해

A: 도움이 필요하면 자기가 먼저 이야기하겠지. 일부러 다가가서 친한 척하고 그러지 마.

우리나라 생활에 어려움을 겪는 친구에게 관심을 끊으려는 사람에게 하고 싶은 말은,

"도움이 필요하면 자기가 먼저 이야기하겠지. 일부러 다가가서 친한 척하고 그러지 마."

"야, 내가 도움이 필요한 상황 같지 않아? 입장 바꿔 생각해봐. 네가 힘든 상황에서 우리가 안 도와주면 좋겠냐고."

이 카드를 고른 이유는 이런 사건이 터져서 사이가 안 좋았던 적이 있었기 때문이에요. 이 카드를 읽고 나서 입장 바꿔 생각하니 그 사건이 이해가 되었어요.

제가 A 역할이었는데 입장 바꿔 생각하니까 잘못된 거 같아요.

자기 경험을 떠올려 입장 바꿔 생각해 보고 교사가 주입하는 게 아니라 스스로 느끼고 자신만의 생각을 만들어 가는 것, 이것이 바로 우리가 수업을 설계하며 원하던 경험이었다.

A: 쟤는 엄마가 베트남 사람이니 잘 대해줘라.

내가 이 말을 들은 베트남 엄마의 아들이라면,

(주먹 쥐여) 야! 너는 만약 너희 엄마가 외국인이면 내가 너희 엄마 모욕하면 좋냐! 그리고 엄마가 베트남 사람이면 어때. 너랑 너희 엄마처럼 말을 막하지 않는데. 그리고 너처럼 나쁜 말은 안 해.

A: 도움이 필요하면 자기가 먼저 이야기하겠지. 일부러 다가가서 친한 척하고, 그러지마.

우리나라 생활에 어려움을 겪는 친구에게 관심을 끊으려는 사람에게 하고 싶은 말은,

야, 내가 도움이 필요한 상황 같지 않아? 입장 바꿔 생각해 봐. 네가 힘든 상황에서 우리가 안 도와주면 좋겠냐고. (도움이 필요한 상황은 내가 무거운 거 들고 갈 때)

영화 읽기와 가치 수업, 다문화 이해

A: 저 사람은 못사는 나라에서 왔기 때문에 시서분한 빙에서 살아도 괜찮아.

외국인 노동자에게 함부로 대하는 사람에게 해 주고 싶은 말은,

"저 사람은 못사는 나라에서 왔기 때문에 지저분한 방에서 살아도 괜찮아."

"그럼 넌 뭐 잘사냐? 만약 네가 외국인 노동자였으면 이런 말을 들어도 좋을까?"

이런 일을 당한 사람이 있을 것 같아서 사이다 날려 주고 싶었어요.

무조건 외국에서 돈 벌러 왔다고 그런 생각을 하면 잘못된 것 같아서 골랐어요.

아이들이 말한 것처럼 외국인 노동자에게 이렇게 생각하고 행동하는 사람들이 있을 거다. 그래서 이 대답을 들으니 승희가 날린 사이다를 받아 한 모금 마신 기분이었다. 아이들이 말한 통쾌하다는 기분이 이런 것일까?

A: 외국인 노동자들은 우리나라에 돈 벌러 온 사람들이니 우리가 잘해 주지 않아도 괜찮아.

내가 이 말을 들은 외국인 노동자라면 하고 싶은 말은,

"외국인 노동자들은 우리나라에 돈 벌러 온 사람들이니 우리가 잘해 주지 않아도 괜찮아."

"나를 깔보는 거냐? 이 삐×××."

🙂 왜 이런 욕을 했느냐면 힘들게 노동을 하고 있는데 노동비도 안 주고 관리비도 안 주고. 이건 노동센터에 신고하면 벌금감이기 때문이에요. 감옥 3년이야, 3년!

😎 이렇게 말하고 나니 속이 시원해요.

🙂 A가 욕을 들으니 짜증 날 것 같아요.

😊 동선이가 말한 느낀 점을 들으니 왜 골랐는지 알 것 같아요. 만약에 저희가 어른이 돼서 일하게 된 뒤 월급 받을 때가 됐는데 계속 다음에 준다고 하면 짜증나고 이상한 느낌이 들 것 같아요. 나중에 커서 저런 일이 있을까 봐 미리 예를 보여 주려고 한 것 같아요.

영화 읽기와 가치 수업, 다문화 이해

A: 종교 중에서 기독교가 최고야. 나머지 종교는 좀 이상해.

자기 종교만 좋다고 생각하는 사람에게 해 주고 싶은 말은,

"종교 중에서 기독교가 최고야. 나머지 종교는 좀 이상해."

"모든 종교는 이상하지 않아."

 내 종교에 대해 욕하는 것 같아 기분이 나빴어요.

 종교 중에 기독교가 최고라는 말이 이상해서 골랐어요.

 저도 기독교 아이들이 불교 무시하면서 이야기할 때 기분이 안 좋았어요.

 자기 종교가 좋다고 하는 사람들은 다른 사람들과 친해질 수 없고 외톨이가 될 것 같아요. 믿는 종교가 없는 사람도 있고 믿는 사람들은 자기가 믿는 종교에 대한 자부심이 있거든요.

A: 종교 중에서 기독교가 최고야. 나머지 종교는 좀 이상해.

자기 종교만 좋다고 생각하는 사람에게 해 주고 싶은 말은,

"종교 중에서 기독교가 최고야. 나머지 종교는 좀 이상해."

"어쩌라고. 그리고 그건 너의 생각일 뿐! 알겠니? 인성 더럽고 네 생각만 하는 친구야."

> 먼가 기독교 믿는 사람이 불교를 욕하는 것은 나를 욕하는 것 같아서 짜증 났어요.
> 기독교가 다 좋은 것은 아니라서요.
> 제가 생각해 보니까 서로의 종교에 대해 질문하고 이야기 나누면 해결할 수 있을 것 같아요.

이주민과 외국인에 대한 태도뿐 아니라 종교 간 갈등도 오래된 문제이다. 승진이 말처럼 서로의 종교에 대해 인정하고 이야기 나누면 조금이나마 나아지지 않을까?

영화 읽기와 가치 수업, 다문화 이해

그리고 준우와 민지가 화를 내며 대답하는 건 잘못되었다고 생각하게 도와주고 싶었다. 하지만 내 생각을 심어 줄 수는 없다. 벼를 잡아당긴다고 벼가 빨리 자라는 건 아니기 때문이다. 느리더라도 아이들이 건강하게 성장할 수 있도록 환경을 마련해 주어야겠다는 생각이 들었다.

🎬 관람 후 활동 - 수업 소감 나누기(13분)

아침부터 진행한 활동을 아이들과 되돌아보았다.

👦 기억에 남는 활동이나 수업을 통해 느낀 점 또는 궁금한 점을 학습지에 써 주세요.

지칠 만도 한데 아이들은 열심히 적었다. 또각또각, 딱딱, 키보드를 두드리듯 아이들이 생각을 출력하는 느낌이 전해졌다. 돌아가며 소감을 나누었다.

👧 저는 경극소년 되기 카드 활동이에요. 왜냐하면 제 생각을 자유롭게 적을 수 있었거든요.

👦 저는 카드를 가져와서 제 생각을 적는 활동이 가장 인상 깊었어요. 그것을 적으면서 외국인을 대하는 태도가 높아진 것 같아요.

👦 경극소년 되기가 가장 기억에 남아요. 진짜 경극소년이 되어본 것 같았기 때문이에요.

👧 경극소년 되기가 기억에 남아요. 친구랑 말하는 게 재미있었어요.

👦 연극은 학교에서 해 봤는데 경극은 처음 알게 되었어요.

　　　　　영화 읽기와 가치 수업, 다문화 이해

수업을 통해 이주민이나 외국인에 대한 생각이 달라진 사람은 이야기해 봅시다.

외국인을 함부로 대하면 안 되겠다고 생각했어요. 외국인도 이해 해 줘야 해요.

우리는 똑같은 사람이지만 나라만 다를 뿐이라고 생각하게 되었 어요.

제가 원래 외국인을 만나면 피하는 성격이었어요. 그리고 제가 영 어를 못 해서 말을 걸지도 못하니까 더 피하게 되었는데 이제는 고정관념을 부숴 버린 것 같아 기분이 좋았어요.

주변 친구들이 동선이에게 "오~ 좋은 다짐이다"라고 이야기 했다.

엄마 또는 아빠가 다른 나라 사람이라도 함께 살 수 있고, 이주민 과 외국인이 많은 사회가 되어 가고 있으니 점점 차별을 받지 않 을 것 같아요.

수업하고 생긴 궁금증을 이야기해 봅시다.

왜 나라마다 자기 나라 언어를 써야 하는지 궁금해요.

영화에서 오픈이 손오공 인형을 왜 좋아하는지 모르겠어요.

자폐증이 뭐예요?

싱가포르는 영어를 주로 쓰나요?

오픈은 왜 머리를 긁나요?

오늘 활동이 재밌어서 다음에도 다른 영화로 수업을 하면 좋겠어요.

아이들의 이야기를 듣고 마지막으로 내 생각을 이야기하며 수업을 마쳤다.

선생님 이야기가 답은 아니지만, 선생님 생각을 말해 볼게요. 한국 사람, 베트남 사람이 만날 때 두 가지가 필요하다고 했죠. 상상력과 관찰, 어떤 사람일지 궁금증을 가지는 것. 여기서 끝내면 될까요? 아니죠. 그 사람을 자세히 관찰해 봐야 해요. 우리는 고정 관념을 많이 가지고 있는데 관찰을 해 보면 아마 같은 사람이라는 것을 알 수 있을 거예요. 오늘 수업을 하면서 느낀 기분, 생각, 다짐을 오랫동안 기억하면 좋겠습니다.

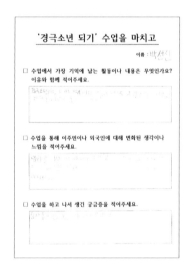

🎞 수업을 마치고

　사전 조사를 마치고 수업 활동을 기획할 즈음 여름이 왔다. 월요일마다 연구소에 모여 땀을 흘린 끝에 가을이 저물어 갈 무렵 열매를 맺을 수 있었다. 처음 보는 열매를 먹는 아이들에게 이 열매 이름은 무엇이고 무슨 맛인지, 어디에 좋은지 이야기하지 않았다. 먹으면서 무슨 맛인지 느끼고 먹으며 어디에 좋은지 스스로 생각하길 원했다. 그동안 우리가 개발한 수업을 경험한 아이들이라서 그런지 이번에도 빠르게 몰입하고 진지하게 참여하였다. 그리고 이번 열매에는 '관람 전 활동'이라는 소스를 함께 주었는데 이 소스가 열매를 끝까지 먹을 수 있도록 도움을 주었다.

　'보이는 것, 보이지 않는 것' 활동 때문에 아이들은 숨은그림 찾기 하듯 영화를 보았고 이렇게 생긴 집중력이 수업 끝까지 이어질 수 있었다. 영화를 보기 전 상상한 내용과 실제 내용을 비교하면서 아이들은 자신이 가진 편견과 고정관념을 이야기하였다. 눈에 보이는 몇 가지 모습으로 사람을 평가했는데, 잘 모르고 있는 것이 많았다며 무지의 가치를 생각한 것은 큰 수확이었다.

짧은 시간이지만 우리는 아이들에게 다문화에 관한 핵심적인 경험을 만들어 주고 싶었다. 여러 가지 형태의 다문화 수업을 찾아보았다. 대다수 프로그램은 다른 나라의 노래와 놀이, 국기와 전통 의상을 알아보는 데 초점을 맞추고 있었다. 이번 수업을 하기 전 우리 반 아이들은 외부 기관에서 다문화 이해 수업을 받았다. 게임으로 진행한 수업이었는데, 게임에 너무 몰입한 나머지 수업을 마친 뒤에 수업 내용보다 게임 자체를 기억하는 아이들이 많았다. 주객전도라고 할까, 우리 프로그램이 이렇게 되지 않도록 주의를 기울였다.

'경극소년 되기' 활동을 할 때 많은 아이가 흥분하거나 화를 냈다. 이런 모습은 불편하게 느껴졌다. 아이들에게 마음을 가라앉히고 적절한 방법을 찾아보자고 했다. 지나고 생각해 보니 아이들이 그렇게 흥분한 이유는 카드에 적힌 문장을 읽고 그런 마음이 일어났기 때문이었다. 이것이 이주민과 외국인을 이해하는 첫걸음이 아닐까 싶었다. 다른 사람을 이해하는 것이 아니라 다른 문화만을 배운다면 이건 지식일 뿐이다. 수업을 마치고 아이들과 이야기를 나누어 보니 이번 수업으로 이주민의 마음을 조금 알게 되었다고 한다.

새로운 교육과정의 핵심성취기준처럼 우리 역시 다문화 이해 교육의 핵심을 찾으려고 긴 시간을 보냈다. 문화 다양성

교육은 다문화 교육에서 충분히 다루기 때문에 우리는 다문화 환경 속에서 살아가는 방법을 탐구하는 다문화 이해 교육에 초점을 맞추었다. 우리는 오랜 시간을 들였지만, 이 수업을 해 보려는 선생님에게는 '이거 별거 아니네. 쉽게 할 수 있겠네'라는 마음이 들면 좋겠다. 대한민국 사람과 이주민, 외국인뿐만 아니라 사람과 사람이 만날 때 가져야 할 그런 원리가 되면 좋겠다.

🎬 나에게 찾아온 선물

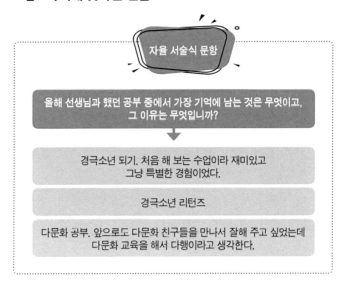

자율 서술식 문항

올해 선생님과 했던 공부 중에서 가장 기억에 남는 것은 무엇이고,
그 이유는 무엇입니까?

경극소년 되기. 처음 해 보는 수업이라 재미있고
그냥 특별한 경험이었다.

경극소년 리턴즈

다문화 공부. 앞으로도 다문화 친구들을 만나서 잘해 주고 싶었는데
다문화 교육을 해서 다행이라고 생각한다.

　　학년 말이 되면 교원 평가를 한다. 학생들이 적어 준 답변을 확인하며 반가운 단어를 볼 수 있었다. '경극소년 되기', '경극소년 리턴즈', '다문화 교육'. 수업을 한 지 한 달가량 지났지만, 아이들에게는 추억으로 남아 있었나 보다. 아이들 글을 읽으니 우리가 프로그램을 만들었던 긴 여정이 떠올랐다. 아이들이 나에게 준 선물이었다.

　　　　　　　　　　　　　　영화 읽기와 가치 수업, 다문화 이해

< 3-4 > 학년군의 다문화수용성 척도 검사

다문화수용성 측정 검사지

여러분, 안녕하십니까?

이 질문지는 여러분들이 다문화에 대해서 알거나 이해하고 있는가 거기에 어떻게 반응하고 있는지 알아보고자 하는 것입니다. 이것에 나쁘게 보는 답은 많은 없습니다. 또한 여러분의 답변은 비밀이 유지됩니다. 문제를 잘 읽고 여러분의 생각과 같은 곳에 ○표 해 주세요. 여러분의 생각을 솔직하게 표현해 준다면 연구의 소중한 자료가 될 것입니다. 감사합니다.

2019년 10월
평도초등학교장

	〈수업 전〉					
번호	내용	매우 그렇다	그렇다	보통 이다	그렇지 않다	전혀 그렇지 않다

〈수업 후〉				
매우 그렇다	그렇다	보통 이다	그렇지 않다	전혀 그렇지 않다
1	1	3	5	8
1	4	6	2	3
1	0	5	6	6
0	1	4	4	9
1	2	3	5	7
2	1	4	5	6
2	2	4	5	5
0	0	5	5	8
0	2	5	2	9
9	6	2	0	1
11	4	2	0	1
10	3	4	0	1
10	4	3	0	1

수업 후 학생들의 다문화 수용성에 선명한 변화가 생겼다. 대체로 한국인과 이주민, 외국인은 구분 짓는 태도가 줄어들었으며, 먼저 이해하려는 노력을 보여 주었다.

'경극소년 되기' 수업
참관 소감

참관자 정동준

수업은 영화 관람 전, 관람, 관람 후 활동으로 구성되었다. 학생들이 영화 후반부를 보고 있을 때 교실에 도착했다. 극장에 견주어 형편없는 환경이지만 열여덟 명 학생들이 영화에 몰입하는 것은 극장과 다르지 않았다. 학생들은 영화가 끝나서야 내가 온 걸 알았다. 학생들과 인사를 나누고 쉬는 시간을 가졌다.

관람 후 활동은 관람평 쓰고 나누기, '보이는 것, 보이지 않는 것', 경극소년 되기, 활동 정리의 단계를 거쳤으며 2차시 분량이었다. 학생들은 관람평을 쓰고 모둠별로 내용을 나누면서 이전에 함께 본 영화 이야기도 했다. 영화 읽기 수업으로 함께 본 〈버팔로 라이더〉 수업 경험을 떠올리기도 했고 개인적으로 본 영화의 등장인물과 연관 지어 발표하기도 했다.
이어진 경극소년 되기 활동에서는 이주민과 외국인이 등장하는 상황극 대사를 만들어 짝과 발표하였다. 짧은 상황극이지만 자신의 경험을 떠올리며 감정을 살려 표현하는 학생이 많았고 발표 후에 통쾌하다는 표현을 많이 사용했다.

활동을 정리하고 수업 소감을 나눌 때 학생들은 영화로 수업하는 것이 좋다고 하였다. 영화 관람을 포함한 4~5차시 수업을 집중해서 참여하는 것을 보았기에 그 소감이 그대로 느껴졌다. 학생들은 영화를 보며 등장인물과 사건을 지켜보았고 관람 후 활동에서 자기 생각과 느낌을 이야기하였다. 발표할 때는 본인이 주인공이 된 것 같았다.

이 수업에서는 학생에 관한 사전 지식, 다른 말로 학생에 관한 선입견이 전혀 없었다. 모든 학생이 세 번 이상 발표하는 모습과 그 내용을 들으면서 배움이 느린 학생이 전혀 없는 반인 줄 알았다. 그날 저녁 이정석 선생님을 만났을 때 그 부분을 물어보았다. 그런데 내가 본 것과 달리 배움이 느린 학생도 있었고 학급에서 다른 일로 관심을 두는 학생이 여러 명 있다고 했다. 해당 학생이 누구인지 모르기 때문에 수업을 참관한 기억만으로는 알 수가 없었다. 학생들은 영화를 보기 전부터 교사의 의도된 질문과 서로의 이야기를 듣고 수업에 참여하였다. 교사는 학생들을 잘 알기 때문에 발표 순서도 의도성이 있었다고 했다. 그리고 보면 학생이 앉은 자리와 모둠 구성을 고민하지 않을 교사는 없겠지만 수업 진행까지 적용하는 것은 쉽지 않은 일이다. 하지만 학생에 관한 선입견 없이 수업에 참관했다는 것을 알았을 때 이 수업의 가치가 더욱 선명하게 느껴졌다. 개념, 가치, 배경지식이 많지 않아도 영화를 통해 뭔가를 느끼고 이야기 나누는 모습, 느끼고 생각한 바를 발표하지 못하더라도 자기 생각과 비슷한 발표에 들었을 때 공감을 표하는 모습, 수업 후에 각자 무엇을 배웠는지 또렷하게 발표하는 모습. 이 모두가 인상적이었다.

이정석 선생님이 이 수업 준비할 때 했던 말이 떠올랐다. "다른 선생님들은 도덕 수업을 한 달에 네 번 하잖아요. 그런데 이렇게 수업으로 하면 한 달에 한 번만 하면 되잖아요". 맞는 말이었다. 초등학교에서 도덕 수업을 하는 선생님에게 "학교에서 도덕 수업을 어떻게 하십니까?"라고 물으면 선생님마다 방법은 달라도 대부분 횟수는 주 1회라고 대답할 것이다. 이 수업을 보면서 일주일에 1회, 한 달에 4회 하는 도덕 수업을 하루 4차시 분량으로 할 수 있을 것 같았다. 매주 1차시 분량의 수업으로 4주를 짜임새 있게 이어가는 것보다 본 수업처럼 4차시 수업에서 얻을 수 있는 효과가 큰 것 같다. 160여 분의 시간이었지만, 그 시간이 금방 지나갔다는 느낌이 들었다. 실제 수업이 영화 관람 후 쉬는 시간을 가지면서 두 블록으로 진행되었는데 교사가 수업 프레젠테이션 파일로 활동을 안내하여 관람 전 활동이 관람 후 활동까지 짜임새 있게 이어졌다. 열여덟 명의 학생 모두 영화를 보고 소감을 나누고 영화 관련 활동을 하면서 밀도 있게 수업의 흐름을 이어갔다. 그만큼 깊은 여운이 남는 수업이었다. 학생들은 〈경극소년 리턴즈〉라는 영화를 떠올릴 때 수업 내용을 떠올릴 것이고, 수업 내용을 떠올리면서 영화를 떠올릴 것 같다.

교육부는 2015 개정 도덕과 교육과정에서 도덕과가 학교 인성교육의 핵심 교과임을 명시하고 있다. 인성 교육이 한 번의 수업으로 되는 것도 아니고 도덕 수업만으로만 가능한 것도 아니지만 수업은 교육과정에 명시된 것을 지향하고 따라야 한다. 학생들이 어떤 주제에 대하여 각자 생각과 느낀 것을 발표하면서 시간 가는 줄 모르고 수업에 참여할 수 있다면 그 수업은 교사에게도 기억에 남는 수업이 될 것이다. <경극소년 리턴즈> 영화를 활용한 수업은 비단 도덕 수업뿐 아니라 다문화 교육으로 다른 교과나 창의적 체험 활동 시간에 하더라도 영화를 관람하면서 수업하면 학생들이 쉽게 잊지 못할 것 같다. 이 수업을 통해 영화를 활용한 수업의 효과를 확인할 수 있었고 많은 사람이 함께 만든 좋은 영화 한 편이 가치 있게 활용되는 것에서 삶의 가치와 메타포를 느낄 수 있었다.

인터뷰:
다문화의 여러 가지 모습

- 비슷하지만 다른 문화: 북한 이탈 주민
- 가깝지만 다른 문화: 결혼 이주 여성과
  다문화 가정
- 출발점이 다른 문화: 싱가포르

Interview

인터뷰 원고는 마치 한 사람의 이야기를 옮겨 쓴 듯 정리하였다. 인터뷰에 참여한 여러 인터뷰이의 개별 경험보다 이주민이나 탈북민이라는 집단이 겪은 일을 표현하고 싶었기 때문이다.

비슷하지만 다른 문화:
북한 이탈 주민

2019.03.08.(금) 14:00 장대현학교 도서관
인터뷰어: 이미식, 이태윤, 정동준, 조선혜
인터뷰이: 유달주, 이은미

통일부 자료를 살펴보면 2006년 이후 해마다 2천 명이 넘는 북한 이탈 주민이 남한에 정착하였고 최근에도 매년 1천 명 안팎으로 입국하여 2019년 6월 기준으로 33,022명이 살고 있다. 남한의 전체 인구가 5,000만 명쯤 되니 공식적으로 북한 이탈 주민의 비율은 0.1%가 되지 않는다. 북한 이탈 주민 중에서 두만강을 끼고 있는 함경북도와 함경남도, 양강도에서 탈출한 사람이 전체의 80%가 넘고, 30대와 40대가 전체 연령대의 60%쯤 되며, 여성 비율이 85%를 넘는다. 남한에 정착한 사람 중 60% 정도가 서울, 경기, 인천 지역에 살고 있다. 북한에서도 평양에 살지 못했는데, 남한에서라도 수도에 살아 보고 싶다는 소망과 함께 다른 지역에 비해 이곳에 일자리가 많다는 소문이 원인이라고 한다. 한편, 되도록 북한과 멀리 떨어진 곳에 살고 싶어서 부산과 제주를 선택한 사람도 있다.

북한 이탈 주민은 남한 주민과 유사한 언어와 역사와 문화를 공유한다. 엄밀히 표현하자면 남한과 북한 주민은 서로 소

통은 할 수 있지만, 상대의 말과 글을 정확히 이해하지는 못
한다. 한민족으로 오래 살아왔지만 분단된 세월 70년만큼 국
가, 도덕, 자아실현, 삶의 의지에서 다른 가치를 가지고 있기
도 하다. 우리가 다른 문화를 연구하면서 북한 이탈 주민에
대한 조사를 먼저 한 까닭은 우리 문화와 '가장 가깝고 비슷
한 다른 문화'라고 생각했기 때문이다.

인터뷰이 유달주 씨는 목사이다. 고3 때 선교사가 되어야
겠다고 막연히 생각했다고 한다. 대학에서는 체육을 전공했
는데 자기와 맞지 않는다는 느낌을 받았다. 북한 이야기가 많
지 않았던 1990년대 말 우연한 기회에 선교 단체를 통해 북
한 사람들을 만났고 20년 넘게 이 일을 하고 있다. 선교 단체
간사, 중국 선교사, 국내 교회 부목사를 하면서 탈북민 사역
을 했다. 아내와 세 자녀를 키우는데 늦둥이로 얻은 막내아
들은 중국에서 선교할 때 태어났다. 중국 선교사로 있다가 탈
북민들의 초기 정착을 돕는 부산하나센터를 거쳐 장대현학교
교장의 부탁으로 이곳에 오게 되었다. 우리가 준비한 질문에
그동안 고뇌하면서 지내온 삶을 되새기며 쉽고 정확하게 대
답해 주었다. 신념과 신앙으로 마음을 꽉 동여맨 사람이었다.
인터뷰하는 동안 자신이 해 온 일을 과장하거나 자랑하지 않
았다. 말과 행동이 일치하는 사람에게서 느껴지는 전형적인
분위기이다. 이런 사람들은 외부에서 보상을 구하지 않아도
된다. 이미 자기 행동으로 내적 보상을 받았기 때문이다. 인

터뷰를 정리하고 나니 '자신은 사라지고 오직 하나님의 영광만 드러내는 사람'이라는 생각이 떠나지 않았다.

....

- 12년 전쯤 부산에 탈북민 교회가 생겼습니다. 탈북민 사역을 하다 보면 자녀 교육에 스트레스를 느끼는 사람들을 자주 발견합니다. 부모는 일을 해야 해서 자녀를 챙기기 어렵고, 자녀는 학교에서 말투와 학습 부진으로 힘들어하는 일이 많았어요. 탈북민 대안학교가 필요했죠. 많은 사람이 기도했습니다. 기적처럼 극동방송에서 우리 이야기를 들은 분이 당시 양로원으로 쓰이던 건물을 무상으로 기증해 주셨습니다. 나중에 알고 보니 건물을 기증해 준 분의 부모님도 피난민이라고 하더군요. 그 뒤로도 어려운 상황은 많았지만 2014년에 개교할 수 있었습니다. 그렇게 힘들게 시작한 학교가 지금은 오고 싶어 하는 학생들을 다 받아줄 수 없을 만큼 성장했습니다. 헌신적인 선생님들 때문이죠. 처음에는 북한에서 온 학생과 중국에서 온 학생 사이에 갈등이 있었어요. 물론 남한에서 태어난 아이들과도 마찰이 심했습니다. 하지만 한국에 오기까지 과정을, 그 힘든 과정을 서로 이야기하며 '나도 힘들었고 너도 힘들었다'라는 공감대가 형성되었어요. 한국 학생들

도 함께 기숙사 생활을 하게 되자 갈등은 더 줄어들었어요. 학생들은 장대현학교가 우리부터 작은 통일을 이루는 학교인 것 같다고 말해요.

아이들이 탈북해서 한국에 들어오면 국정원 합동심문센터에서 보통 3개월을 보냅니다. 그 기간 동안 기관에서는 이들이 간첩인지 아닌지 크로스 체크까지 하죠. 이상이 없으면 하나원에서 남한 정착 교육을 추가로 3개월 받은 뒤에 각자 배치받은 지역으로 갑니다. 지역에 전입하면 바로 주민등록증이 발급되거든요. 탈북민이 그걸 받았을 때 느끼는 뿌듯함은 말로 다 설명 못 하죠. 탈북민에게는 국가에서 경제적으로 지원을 해 줍니다. 어떤 분은 그거 안 받겠다고 해요. 그거 받는 거 정당한 권리라고 말해도 대한민국에서 나 하나 받아준 거 그것만으로도 족하다고 사양하는, 그렇게 감격하는 사람도 있어요.

장대현학교 학생들은 정규 교과목 외에 음악, 미술, 체육 이런 쪽 특별 수업도 하고, 통일 텃밭에서 다양한 채소도 재배하면서 땀도 흘려요. 아이들은 책상에 앉아 있기보다 활동하는 데 관심이 많아요. 특별 수업 중에 영화 제작 수업도 있었는데, 감독님과 함께 단편 영화 두 편을 제작했어요. 댄스 선생님이 오셔서 춤도 배웠어요. 그리고 NGO 같은 외부 단체가 탈북 학생 관련 일을 하고 싶으면 우리 학교가 영호남 유일의 탈북 대안학교다 보니까 누구를 해요. 그러면 캠프를 열기도 해요. 학생들은 굉장히 건강합니다. 학생들은 어른들이 아이들에게 봉일이 될 것 같은지 묻는데, 통일은 당연한 전제조건이니 통일 한국에서 너희가 해야 할 일은 이런 거라는 방향 제시를 해줬으면 좋겠다고 해요. 재작년에 B고 학생들이랑 강원도까지 해파랑길을 걸으면서 나왔던 이야기예요.

남북하나재단이라는 곳에서 해마다 탈북민 실태 조사를 해요. 주로 심리 상담 분야인데 1시간 동안 질문지를 작성해요. 조사 결과를 보면 탈북민의 남한 사회 만족도가 80%쯤 돼요. 북한에서는 마음대로 이사도 못 가고 여행도 못 해요. 김정일, 김정은 사진이 있는 신문을 모르고 접었더라도 정치범 수용소에 가거든요. 이런 차이에서 오는 자유 때문이죠. 북한은 신분제가 존재하는데 여기서는 자기 능력에 따라서 얼마든지 잘 살 수 있다는 희망이 다른 원인이죠. 이 두 가지 때문에 만족도가 80%예요. 그런데 질문을 바꿔 '당신은 남한에 잘 적응했다고 생각하십니까?'라고 물으면 80%가 아니라고 해요. 고향에 못 가는 처량함도 있고 북한이나 북한 사람에 대한 편견을 느끼기 때문이죠. 말투를 듣고 '당신 북한 사람이죠?'라고 물으면 '아니요, 전 조선족입니다'라고 한다는 거예요. 조선족은 2등 시민인데 북한 사람은 천민이라고 생각하는 사람들도 많습니다. 이 부분을 되게 많이 힘들어해요.

탈북민 자살률은 남한 사람의 3배입니다. 북한에서 잘나 갔던 사람도 있을 거잖아요. 예를 들어 교사라고 칩시다. 거기서 교사를 했다고 여기서 정교사를 보장해 주진 않거든요. 자기도 나름대로 능력 있는 사람인데 여기서 인정을 못 받는 거예요. 그래서 북한 사람들은 자격증 취득률이 높아요. 이 사회에서는 자격증이라도 하나 있어야 써 준다는 말을 들었는지 오만가지 자격증을 다 따요. 어떤 분은 20개가 넘는 자격증을 땄어요. 그런데 그분은 식당에서 설거지해요. 얼마나 처량하겠습니까. 한 분은 북한에서 30년 동안 서예를 했어요. 북한의 산 중턱에 보면 커다랗게 쓰인 글귀가 보이는데 그 서체를 청봉체라고 해요. 북한에서는 이 글자를 쓰는 사람 자부심이 대단하거든요. 그런데 남한에서는 디자인을 컴퓨터로 하니 그분은 식당에 일하러 간 거예요. 그런데 부산하나센터에서 우연히 그 재능을 알게 되어서 통일 서예 강사로 위촉해 일을 주니 이 사람 자존감이 확 올라갔어요. 하지만 이렇게 긍정적으로 해결된 사람은 별로 없어요. 오히려 존재감 없이 묻히는 사람이 대부분이다 보니 대인기피증을 보이는 사람도 많아요. 북한 사람들이 부산에 오면 부산 사람이랑 어울려야 하는데 여러 가지 이유로 탈북민끼리 어울리거든요. 그러다 보니 자기들끼리 잘못된 정보를 주고받을 때가 너무 많아요. 안된 이야기지만 북한 여성들이

영화 읽기와 가치 수업, 다문화 이해

오면 약간 음성적인 쪽으로 흘러들어 가는데, 그런 브로커가 따라붙어요.

*

- 처음에는 안 물었어요. 6개월까지는 어떤 루트로 어떻게 왔냐, 가족 관계는 어떠냐, 집안 사정은 어떠냐 안 물었어요. 시간이 지나고 정이 쌓이면 아이들은 힘든 이야기를 스스로 말해요. 학생들이 겪은 실제 이야기죠. 우리 학교에 온 애들 중에는 국경을 건너다가 잡혀서 북송당했던 친구도 있어요. 그 이야기를 한 아이는 며칠 동안 악몽을 꾼대요. 그러니 사람들 앞에서 자기 이야기를 하는 것 자체가 얼마나 어렵겠어요. 학생들은 진짜 용기를 내주는 거예요. 근데 처음 온 학생들은 절대로 이렇게 말하지 못해요. 한 5년쯤 생활하면서 많은 이야기를 듣고 통일을 생각도 하고 그러면서 마음을 열죠. 비밀은 상대방을 기다려 주는 것이에요. 보통 교회에 가면 축복송 이런 거 부르지 않습니까. 이 사람들이 공통으로 이야기하는 게 '당신은 사랑받기 위해 태어난 사람~' 이런 고백을 단 한 번도 받아 보지 않고 살았대요. 북한에는 '행복'이라는 단어가 없다고 이야기하거든요. '사랑합니다', '축복합니다'라는 말을 못 듣고 살았던 거예요. 그러니 교회에 가도 옆 사람

손잡고 얼굴을 쳐다보며 노래를 못 불러요. 하지만 이런 노래를 계속 듣고 부르다 보면 '아, 나를 이렇게 소중하고 가치 있게 생각해?'라는 느낌을 받는데요, 바로 그때 눈물을 쏟는 거죠. 정말 사랑으로 대해 주는 사람을 많이 만나면서 '아 진짜 내 이야기를 귀담아 들어주는구나', '내 이야기가 북한을 이해하는 데 도움이 되는구나', '내 이야기를 듣고 사람들이 북한 이야기를 아는구나'라는 공감대가 형성되면서 '아, 내가 이야기를 해야 하는가 보다'라는 생각이 든다고 말하더라고요. 북한 사람이 출연하는 TV 프로그램을 보면 우리는 허구가 많다고 생각하거든요. 너무 과장됐어요. 그런데 북한 관련 프로그램을 많이 본 사람들은 북한을 많이 안다고 착각해요. 학생들 사이에 '우리가 이야기하지 않으면 사람들이 모르는구나. 내가 이야기를 해야겠구나'라는 사명감이 조금 생기는 것 같아요. 세뇌하듯 자주 들어서 그런 부분도 있겠지만 아이들은 나라가 없으면 민족이 없다는 것을 너무나 잘 알아요. 민족과 나라에 대한 마음이 굉장히 강해요.

*

- 어른, 아이 할 것 없이 자기들을 전체화시키는 말에 불편함을 느껴요. '강서구에 있는 유 모 씨가 이런 범죄를 저질

렀습니다'와 '강서구에 있는 탈북민 유 모 씨가 이런 범죄를 저질렀습니다'의 차이죠. 이것에 대한 스트레스는 말도 못 합니다. 자기들을 탈북민이라고 전체화시키지 말고 '한 사람'으로 만나 달라는 뜻이죠. 그동안 탈북민을 부르는 용어가 많이 바뀌었잖아요. 귀순 용사, 탈북자, 북한 이탈자, 새터민. 북한 사람을 부르는 이 많은 호칭 중에 그들이 느끼기에 어감이 괜찮았다고 여겨지는 단어가 뭔지 아세요? 없어요. 탈북민은 '탈북민 유달주'가 아니라 그저 '유달주'라고 듣고 싶은 거예요. 우리 학교도 탈북 청소년 대안학교라는 타이틀이 어쩔 수 없이 따라다녀요. 이게 늘 불편해요. 저도 마찬가지거든요. 제가 체대 나왔다고 하면 '단순무식하겠구나', '공부는 못했겠구나'라는 편견이 있다는 거죠. 통일에 관해 관심 있다는 분들이 북한 사람을 마주하면 그냥 불쌍히 여겨요. 장애인이 자기를 불쌍히 여기고 도와달라고 안 했는데도 일반인들이 그렇게 대하는 것처럼 선입견을 품고 바라보는 거죠. 학생들은 동정받는 것을 싫어해요. 그저 똑같이 대해 주길 바라죠. 뭐든지 자기 정체성에 대한 자존감이 제일 중요한 것 같아요. 아까 어떤 장소가 제일 불편하냐고 물으셨죠? 학교를 벗어난 모든 곳이 다 불편하죠. 색안경을 끼고 보니까. 그건 어쩔 수 없어요. 우리가 바꿀 수 있는 문제가 아니기 때문이죠. 교장 선생님은 학생들이 북한에서 온 것을 부끄럽게 생각하지 않도록 어떤 사람은 대구에서 태어났듯이 너는 양강도에서 태어난 거다. 고향이 어디냐고 물으면 양강도라고 대답하라고 합니다. 듣는 게 힘이라고 이런 말을 자주 듣다 보면 학생들 마음에 자존감이 생기는 것 같아요. 그러면서 편견 없이 잘 대해 주는 사람을 만나고, 남한 학생과 이야기하면서 똑같다는 느낌을 많이 받거든요. 북한 학생들이 가장 원하는 게 우리 안 도와줘도 되니 '똑같이 봐 달라' 이거거든요. 하지만 학생들은 편견에 노출될 수밖에 없죠. 편견하고 맞서 싸워서 이기려고 하는 힘 자체가 굉장히 중요한 것 같아요. 그래서 우리 학교에서는 정체성에 관한 부분을 강조해요. 신앙 안에서 '너는 사랑받기 위해서 태어났고 너는 정말 소중한 사람이다, 하나님의 자녀다'라고 하는 정체성. 북한에서 태어나고 이런 것도 그냥 온 게 아니다. 운이 나빠서 그런 게 아니었다. 하나님께서 준비하신 것이었다고 해요. 자기 스스로 정체성을 만들어가면서 '아, 내가 북한을 가고 이렇게 하기보다는 내가 내 역할을 잘하는 자체가 통일을 위한 거고, 내 이야기를 들려주는 것 자체가 통일을 위한 준비겠구나, 남한 사람들이랑 친구가 되는 게 이게 통일 준비다'라고 깨닫게 되죠. 이런 정리가 잘된 친구들은 편견을 가진 사람들을 만나도 편견은 당신이 만든 것이라고 소리칠 힘이 생겨요.

*

- 이게 핵심인 것 같아요. 우리랑 다르지 않다. 학생은 어른이 하는 걸 그대로 배우기 때문에 '네가 다르다'라고 구분하면 '아, 쟤는 다르구나, 못사는 데서 왔구나'처럼 되거든요. 통일 교육할 때 우리나라 지도를 그려 보라고 하면 한반도를 다 그리지, 남북한 구분해서 반만 그리는 학생은 없다고 해요. 한반도를 우리나라라고 생각하면서도 북한 학생들을 다른 나라 사람이라고 생각하는 태도는 참 아이러니하죠. 처음 탈북민 학생들을 만났을 때 표정이 너무 밝아서 제가 아는 그 고통스러운 과정을 거치고 온 애들이 맞나 싶었어요. 나중에 학생들이 겪었던 일을 들었을 땐 정말 넘어갈 뻔했어요. 1년 동안 감옥에 있고, 탈북하다가 두 번 잡히고 세 번째에 성공한 학생도 있었거든요. 학생들이 별의별 일을 다 겪었는데 그러면서도 그 삶의 의지가 대단한 것들을 보니 존경하는 마음이 생겨났죠. 누가 그랬어요. 남한 아이들은 '하루하루가 생일인 아이들'이라고요. 저는 학생들에게 강조해요. 너희는 그렇게 힘든 상황에서도 이겨내고 버텨내서 온 아이들이기 때문에 더 대단할 수 있는 아이들이라고요. 탈북민 학생들이 한국 사회를 오랜 시간 겪어 보지 못했기 때문에 어색한 부분이 있는 것일 뿐이라는 마음이 중요해요. 선생님의

마음에 '이 아이들은 똑같은 학생들이다'라는 마음이 있어야지 그게 전달이 되는 것 같아요. 그리고 학급 안에 북한 아이들이 있는 경우는 동정하는 이야기는 안 하면 좋겠고 아무래도 실수를 허용하면 좋겠어요. 자존감이 낮아서 뭐 한 개 잘못할까 봐, 자존심 상할까 봐 전전긍긍하는 애들이 많거든요. 일반 아이들이랑 똑같은 거 같아요. 칭찬 많이 해 주고 사랑 많이 받으면 그 안에서 애들은 잘 회복할 수 있으니까요. 선생님의 역할이 굉장히 중요하더라고요.

*

- 70년 동안 별거를 했다가 이제 우리가 합치려고 하잖아요. 그랬을 때 생김새 똑같고 말이 똑같다고 착각하고 있는데 철저하게 다른 문화라고 생각해야 해요. 철저하게 다른 문화라고 생각하고 만나야 해요. 상대방이 이상한 게 아니라 우린 너무 오랜 시간 다른 시스템 속에서 절어 있었기 때문이죠.

가깝지만 다른 문화:
결혼 이주 여성과 다문화 가정

2019.03.08.(금) 10:00 부산 사상구 건강
가정 다문화가족 지원센터 회의실
인터뷰어: 이미식, 이태윤, 정동준, 조선혜
인터뷰이: 김리영, 박성옥, 한유미, 박경옥

2017년 기준으로 218만 명의 체류 외국인이 한국에 살고 있다. 여기에는 결혼 이주 여성, 외국인 노동자, 결혼 이주 여성의 자녀, 외국 유학생이 포함되어 있다. 한국 국적을 취득한 귀화자도 17만 명에 이른다. 다문화 학생 비율도 평균 2%대로 점차 늘어나는 추세이다. 출근 시간 버스에 타고 있는 사람 중 한 명은 다문화이고, 지하철 한 칸에는 두세 명이 있다. 비자 만료 후 국내에 체류하고 있는 사람이나 국가통계조사에 포함되지 않은 사람까지 포함하면 실제 숫자는 이보다 많다. 하지만 단일 문화권에서 살아온 우리가 느끼는 다문화 인구는 국가에서 추정하는 것보다 더 많다. 낮고 힘겨운 곳으로 갈수록 그들을 더 많이 더 자주 볼 수 있다. 그들은 우리나라에서 이삿짐을 옮기고, 석면 제거 공사를 하며, 식당에서 주문을 받고 음식을 나른다. 비닐하우스에서 토마토를 따고, 고깃배에서 그물을 끌어 올리며, 맨홀 뚜껑을 열고 지하 통로로 내려간다. 그들이 없는 대한민국은 상상할 수 없다.

처음에는 김리영 센터장과 인터뷰를 할 계획이었지만 다문화 가족과 더 직접적으로 접촉하는 다문화 사례관리사 박성옥 씨, 다문화 교육을 담당하는 박경옥 씨, 베트남 결혼 이주 여성이자 센터 직원으로서 센터를 방문하는 초기 이주 여성에 대하여 상담을 해 주는 한윤미 씨가 함께해 주었다. 이들은 우리나라 다문화 환경과 다문화 가정이 겪는 깊은 고민에 대해 문제를 제기하고 방향을 제시했으며 간절함을 담아 더 나은 환경을 만들고자 하는 소망을 제시하였다. 우리는 겸손해질 수밖에 없었다. 지면의 제한으로 인터뷰 내용을 모두 옮기지는 못했다. 인터뷰이들은 이번 인터뷰가 우리 가까이 있는 다문화 가정에 관한 인식을 개선하는 자극이 되면 좋겠다고 간곡히 부탁하였다.

....

- 다문화에 대한 인식이 그렇게 많이 바뀌었다고 하는데 저는 그렇게 느끼지 못해요. 그래서 글을 적는 분을 원했어요. 이런 조그만 곳에서 일어나는 일이라도 글을 통해서 사회에 알리면 파급이 워낙에 크니까 좋겠다고 했는데 현장에는 글을 적어 주시는 분들이 그렇게 많지는 않은 거예요. 이번 인터뷰에서 좀 본질적인 문제를 말하고 싶습니다. 우리에겐 아주 좋은 기회지요.

결혼 이주 가정은 처음에는 부부, 자녀로 구성된 가정하고 부부와 자녀, 시부모로 된 가정이 대부분입니다. 결혼 초기에는 확대가족이 더 많습니다. 이유는 다 아시겠지만, 남자의 결혼이 여러 가지 이유로 좀 늦어졌을 때 국제결혼에 관심을 가집니다. 이런 남자들은 대부분 부모와 같이 살고 있으며, 국제결혼을 진행하는 과정에서도 남자 쪽 부모들이 자녀의 가정을 끝까지 지원하겠다고 밝힌 분이 많아서 그렇습니다.

이민자가 제일 처음 요청하는 도움은 무조건 언어입니다. 한국어 교육과정이 네다섯 단계가 있어요. 완전 기초반부터 1, 2, 3, 4단계로 구분되고 이 교육을 모두 받으면 국적 취득 시험을 칩니다. 아니면 그 자격 조건에 맞으면 국적 취득이 되거든요. 그리고 결혼하고 나서 3년 있었고 그냥 자기가 언어를 잘한다는 것만 가지고는 국적을 취득할 수가 없어요. 이 과정을 거치지 않으면 국적을 취득할 수 없습니다. 왜냐하면, 이 기간에 언어만 배우는 게 아니라 한국에서 살아가는 여러 가지 정보를 얻기 때문입니다. 교육 내용은 '아기를 어떻게 키우는지', '자녀들 학교는 어떻게 하는지'와 같이 육아에 관한 것, '남편 부모님을 대할 때는 어떻게 하는지'처럼 한국 문화에 관한 부분을 포함하고 있습니다. 일단 언어가 되어야 무엇이든 할 수 있으니까요. 언어가 어느 정도 통하거나 국적을 취득하게 되면 대부분 취업을 원합니다. 일하면서 경제적으로 독립해서 살고 싶은 의사가 강하거든요. 여러 가지 한국 생활 정보도 많이 요구해요.

이주 여성이 직장에 다니려면 누군가 아기를 봐줘야 하는데 그 목적으로 친정 부모님 초청도 많이 물어봅니다. 한국 생활 혜택 지원받는 것, 유치원, 학교, 또는 프로그램 지원받는 것 같은 정보를 알려달라고 합니다.

1995년 이후로 우리나라는 '농촌 총각 장가보내기' 운동으로 많은 분이 국제결혼을 했어요. 그러다 보니 경제력이나 정신 건강에 문제가 있는 사람들도 외국에 가서 결혼하고 돌아왔습니다. 여성들은 남편에 대해서 아무것도 모르는 상태에서 희망에 부풀어 들어오는 거죠. 그러다 보니 나중에 이혼도 하게 돼요. 그래서 요즘은 부부관계에서 어려움을 이야기하는 사람이 많습니다. 게다가 시부모님 역시 문화의 다양성에 대한 교육을 받은 상태가 아니잖아요. 한국에 있는 며느리들도 고부 관계가 어려운데 언어와 문화가 다른 며느리는 생활하기가 더 힘들죠. 이런 상황에서 시부모는 이주 여성에게 일방적으로 한국 며느리 역할을 요구하는 거예요. 그러다 보면 시부모와 관계가 안 좋아지고 결국 전반적인 가족 관계가 모두 나빠집니다.

우리나라 이혼보다 다문화 가정의 이혼에서 더 문제가 되는 부분이 있는데요. 우리나라 여성 중에도 이혼 뒤에 경제적인 어려움을 겪는 사람이 많습니다. 지금은 양육비 이행이 생겼다고 하지만 아직 완전하게 정착된 건 아니거든요. 다문화 가정의 여성은 그게 훨씬 더하다고 생각하면 됩니다. 그보다 더 큰 어려움은 국적 문제입니다. 국적을 취득하고 이혼을 하면 그나마 이런 취업에 있어서 제도적으로 걸림이 없는데 국적을 얻기 전에 도저히 살 수 없어서 이혼하게 되면 다문화 가정의 여성은 엄청난 피해를 보게 됩니다. 만약 자녀까지 생겼다고 하면 상황은 더 악화하죠. 조금 복잡한 이야기입니다만, 이주 여성은 대한민국 국적이 없지만, 자녀는 우리나라 아이거든요. 자녀가 만 18세까지는 엄마가 한국에 있을 수가 있지만, 그 뒤엔 불법체류자로 바뀌죠. 최근에 일어난 일은 아니지만 이혼한 여성 중에는 혼자 살기 어려워 재혼하는 사람이 있습니다. 상대는 주로 같은 나라에서 온 외국인 근로자입니다. 외국인 근로자는 취업비자로 들어오기 때문에 정해진 기간이 지나면 본국으로 돌아가야 해요. 간혹 이혼한 이주 여성과 외국인 근로자가 동거하다가 아이를 가질 때가 있어요. 안타깝게도 이 아이는 대한민국 사람이 아니에요. 부모 모두 한국 국적이 없으니까요. 이 아이는 유령이 되는 거죠. 이들이 우리 사회에서 소수이고, 이런 문제들이 바깥으로 잘 드러나지 않아서 그렇지, 아주 심각한 문제입니다.

*

- 지금까지 통계를 보면 이주 여성이 겪는 문제는 경제적
인 부분이 많아요. 그다음엔 외로움, 의사소통이 안 되
기 때문에 그렇죠. 나머지는 부부간의 관계가 가장 힘들
다고 해요.
자녀는 그다음 문제거든요. 여러 문제가 복합적으로 얽
혀 있는 편이죠. 우리나라 부부들은 성격 차이로 갈등을
겪지만 다문화 가정에서는 부부 사이에 의사소통이 안
되기 때문에 문제가 생길 때가 많습니다. 이주 여성은 자
기를 충분히 설명하지 못하고 상대는 그것을 충분히 이
해하지 못하는 거죠. 남편은 부인의 감정을 헤아리는 게
아니라 우리 것을 그대로 하라고 하죠. 자신에게 익숙한
것, 좋은 쪽만을 취하려고 하는 거예요. 마음은 아내를
다문화로 바라보면서도 자기가 바라는 대로 해 주길 강
요합니다. 음식도 잘해야 하고 시부모도 잘 모셔야 하고
남편한테도 잘해야 하고 자녀도 잘 키워야 하고 경제 활
동도 해서 가정에 보탬이 돼야 한다고 말하는 거죠.
그렇게 되기까지는 시간이 굉장히 오래 걸리는데도 불
구하고 말이죠. 지금도 우리나라는 동화주의예요. 배우
자의 문화를 이해하려고 하는 게 아니라 "무조건 따라와
라. 네가 한국에 와서 결혼했기 때문에 한국 문화를 따

라라. 한국어를 빨리 배워서 한국 생활에 빨리 적응해야 한다" 이렇게 나가는 거예요. 남편이 이런데 시부모는 얼마나 더 하겠습니까? 연세도 많으시고, "빨리 네가 적응해서 우리 집 며느리가 돼야 한다" 이렇게 하잖아요. 우리나라 사람한테도 요구하는 부분인데 처음부터 "네 거는 다 지우고 여기 시집에서 다시 해라" 이렇게 나오니까요. 그런데 결혼 이민자 여성의 처지는 우리나라 여성이 외국에 가서 결혼하는 거랑 똑같거든요. 말을 안 한다 뿐이지, 많은 것을 참고 있는 거예요. 감정이 없는 게 아니거든요. TV 다문화 프로그램을 보면 현실과 맞지 않는 부분이 있어요. TV에 나오는 것보다 현실에서는 갈등이 더 심해요. 일반적으로 한국 부부는 결혼 후에 부모의 간섭이 심하지 않잖아요. 그런데 결혼 이민 여성의 경우는 시부모님하고 같이 안 살더라도 도와준다는 명분으로 시누이와 동서가 간섭을 많이 해요. 결혼 이주 여성은 무시도 많이 당하고 상처도 많이 받습니다. 결혼을 통해 함께 살아갈 배우자라고 오게 했으면 소중하게 대해 줘야죠. 그런데 그렇게 하지 않고 이렇게 자기 방식만 옳다 하고 자기는 크게 바뀌지 않으면서 상대가 바뀌길 원하는…. 한국에서도 그러면 이혼합니다.

거기에다가 결혼 이주 여성은 결혼을 준비할 때 코리안 드림이라 해서 한국의 드라마 같은 것도 많이 보고 들어

옵니다. 드라마에 나오는 한국 집은 넓고 주방도 깨끗하고 좋아요. 그런 거를 생각하고 들어옵니다. 슬픈 이야기 하나 해 드릴게요. 이주 여성들이 우리나라 공항에 도착하면 '아, 너무 좋아' 그러거든요. 택시를 타고 집으로 들어가면서 도심지를 볼 때까지도 굉장히 좋아해요. 그런데 가면 갈수록 골목으로 들어가고 맨 마지막에 들어간 곳은 너무 초라한 거예요. 이런 데 들어와서 너무 힘들었다는 사람들이 매우 많거든요. 자기가 생각했던 것과 완전히 다른 환경에서 살기 때문에 힘든 거죠.

우리는 이 부분을 들을 때 결혼 이주 여성이 공항에 도착하여 배우자의 집으로 이동하는 여정이 그려졌다. 이것은 중요한 메타포인 것 같았다. 공항에서 내 집 찾기.

- 사실 결혼 이민자 여성한테도 결혼과 이민에 대한 명확한 인식이 필요한데 그걸 심어 주기가 굉장히 어려워요. 우리나라 사람들이 아메리칸 드림을 찾아 미국에 갔을 때 그 사회에서 현실적으로 부딪혀 깨지면서 알아갔듯이 이주 여성도 그렇다는 거죠. 20대에 들어왔잖아요. 사실 인생 경험이 많지도 않고 또 굉장히 많이 꾸미고 싶어 하는 나이잖아요. 화장하고 예쁘게 살고 싶은데 경제적인 여유가 없어요. 하다못해 기초적인 화장품들 있잖아요. 그런 것

들이라도 사고 싶은데 남편이 "그냥 그렇게 살아도 돼"라고 얘기를 했다는 거예요. 그래서 한참 있다가 남편에게 말했대요. "여보, 그럴 때는 우리가 돈이 없어서 내가 지금 화장품을 못 사 주니까 나중에 화장품을 사다 주면 그때 예쁘게 꾸며"라고 말해 주면 좋겠다고요. 그제야 남편이, "그러면 알았다"라고 했대요. 이런 배경에는 남편의 두려움 있어요. 아내가 젊잖아요. 자기가 나름대로 젊고 예쁜 사람이라고 데리고 온 거예요. 데리고 왔는데 '내가 마음에 안 들어서 떠나면 어쩌지? 난 형편도 안 좋은데'라고 생각하는 거죠.

*

- 달라진 모습도 있어요. 예전에는 한국에 들어오면 무조건 한국 생활에 적응해야 한다고 했는데 지금 젊은 사람들은 자기네 나라의 문화를 가지고 와서 그 문화를 그대로 유지하려고 하는 욕구가 굉장히 강해요. 예전하고 지금하고는 달라요. 지금은 인식 자체가 많이 달라지고 있어요. 예전에는 사실상 한국에 들어와서 산 사람들 많이 없었잖아요. 그런데 지금은 한국에 사는 친척이나 친구로부터 정보를 많이 얻고 인터넷으로도 많이 알아본 뒤에 옵니다. 어떤 가정에서는 자녀가 어릴 때부터 며칠은

한국 음식, 며칠은 엄마 나라 음식을 먹기도 합니다.

우리 센터로 한국어를 배우러 오는 이주 여성이 몇십 명 돼요. 그 안에 국가가 같은 사람들이 열 명 내외씩 있어요. 그러면 또래 모임이 생겨요. 거기서 자기들끼리 또 엄청난 정보를 또 공유하거든요. 언어를 배우는 과정을 통해서 한국 문화, 20대 여성의 삶을 공유하는 거죠.

집에서 조금 힘든 부분을 해소하기 위해서는 문화체험 같은 거, 함께 어울려서 다닐 수 있는 그런 프로그램에 참여하는 동안 자기가 힘든 것들을 내비칠 수도 있고 잠깐 쉴 수 있는 거잖아요. 이주 여성들은 모국 음식을 한 뒤에 서로 나눠 먹을 때 아주 많이 행복해합니다. 자기 나라 음식을 먹으면서 또래끼리 수다를 떨면 행복할 수밖에 없죠. 자기들끼리의 모임을 제공할 수 있는 다문화 카페가 있으면 얼마나 좋겠어요. 회의 장소나 교육 장소는 끝나면 가야 하잖아요.

*

- 또 하나, 문제가 있다고 생각했던 부분은 종교예요. 한국 불교 신자가 외국에 살게 되어 그 나라 사람이 운영하는 절에 갔다고 생각해 보세요. 그런데 절 모양이나 불상이 한국에서 보던 것과 다르다면 뭔가 어색하고 마음이 편치

않잖아요. 전국에 한두 군데 생기기 시작했지만, 베트남 스님이 계시는 절은 거의 없어요. 대부분 한국 사람이 운영하는 절에서 베트남 교인을 일부 흡수해서 프로그램을 조금 하는 수준이거든요. 그런데 베트남 분들이 절에 가는 이유는 신앙뿐만 아니라 사람을 만나기 위해서거든요. 베트남 절에 베트남 승려가 있다면 얼마나 좋겠어요? 다른 문화에 관한 생각이 무르익어야 가능한 일이죠. 자기가 어렸을 때부터 가지고 있었던 믿음을 유지하면서 살아간다면 힘든 일이 있을 때도 얼마나 위로가 되겠어요? 우리나라 종교계에서 관심을 두면 좋겠어요. 눈에 띄게 나타난 현상을 해결하려고 애쓰는 사람들이 많아요. 앞으로는 신앙의 문제처럼 감춰졌지만, 더 본질적인 부분을 찾아내서 해결해 주면 좋겠어요.

*

- 다문화에 대한 교사의 인식이 부족해요. 모르시는 분들이 정말 많아요. 다문화 가정이라고 알고 있음에도 그 아이의 상황을 제대로 이해하지 못하는 거죠. 지금 법으로 다문화 이해 교육이 학교에서 의무교육이 되었잖아요. 그런데 의무로 생각하는 부분 때문에 안타까워요.
 저희가 이렇게 말하는 게 맞는지 모르겠어요. 의무라고

하면 자발성이 떨어지기 때문에 마음에서 우러나지 않아요. 예를 들어 학생들은 몸이 불편한 사람의 일상을 체험하기 위해 다리에 모래주머니를 차고 뿌연 안경을 껴서 앞이 잘 안 보이는 상태에서 계단을 올라가는 체험을 해 볼 수 있어요. 그런데 이주민이나 그 자녀가 느끼는 차이와 차별은 무엇으로 체험할 수 있을까요? 외국에서 차별을 안 당해 봤는데 어떻게 그 사람의 마음을 알겠어요? 물론 그렇지 않은 분들도 있겠지만요.

*

- 다문화 아이들은 다문화로 불리고 싶어 하지 않아요. 부모는 지금 당장 어려움이 있으니 한국어 교육 같은 프로그램을 지원받고 싶어 하지만 자녀는 그렇지 않아요. 국적도 한국이잖아요. 한부모 가정이라고 해서 '한부모 가정이니?'라고 묻지 않잖아요? 그런데 다문화는 왜 자꾸 구분 짓는지 모르겠어요. 똑같은 한국 사람입니다. 다문화라고 하는 것은 행정적인 용어거든요. 일상에서 쓰는 말이 아니죠.

예를 들어 그 자녀가 언어 소통 능력이 떨어지면 그걸 가르쳐 줘야 하고 학업이 떨어지면 학업을 도와줘야 하고 친구가 좀 안 맞으면 친구 관계를 가르쳐 줘야 하는데 왜 거기에다 다문화를 붙이죠? 오히려 학교나 선생님이나 옆에 있는 친구들이 구분을 짓는 거예요. 어떤 선생님이 공개적으로 "얘는 아직 한국어가 서투니까 너희들이 도와줘"라고 하는 말 자체가 애들한테 편견을 만들거든요. 선생님들은 선의로 좀 더 도와줘야 한다고 말을 하는데 애들은 밝히는 게 싫다고 하는 거죠. 학생이 자발적으로 "우리 엄마는 중국 사람이에요"라고 말하면 괜찮아요. 그런데 선생님들이 미리 아이들에게 선입견을 심어 주면 안 되는 거죠. 아이들도 감정이 있어요. 왕따를 당할 수도 있죠. 한국 애는 왕따 안 당합니까? 아이들에게 일어나는 감정을 자연스럽게 다독여 줘야 하는데 먼저 선을 긋고 도와줘야 한다고 말해 버리니까 또다시 문제가 되는 거죠. 안 그래도 통일성을 강조하는 우리 분위기에 타문화를 확 집어넣으려고 하는 모습이 있는 거 같아요. 소수를 바라보는 우리의 시각의 차이거든요. 다수가 소수를 지원하는 게 아니라 서로 배우는 것이죠. 소수를 바라보는 시각에 대해서도 우리가 깊이 생각을 해 봐야 해요. 다문화를 받아들일 때는 지식을 쌓고 바르게 판단하는 연습도 해야 하지만 겸손한 태도 역시 갖춰야 해요. 마음을 바꾸는 계기를 마련해야죠. 이주 여성이나 그 자녀들은 그냥 국민인 거예요. 국민으로서 받아야 할 대우를 받고 혜택을 받고 자기도 국민의 의무를 다하고 이렇게 가는 쪽으로, 통합된 방향으로 가야 하죠. 그냥 서로를 진심으로 바라볼 수 있는 용기가 필요한 거죠. 함께 시민으로 더불어 살아가는 방식에 대해서 같이 생각하고 실천할 수 있었으면 하는 바람이에요.

숟밤껌이 다른 문화:
싱가포르

2019.07.25.(목) 14:00-16:30 싱가포르 패
러파크역 시티스퀘어몰
인터뷰어: 이태윤
인터뷰이: 로저 탄, 정갑수(통역)

  나는 싱가포르 다문화 사회를 조사하면서 페라나칸Peranakan 문화를 알게 되었다. 페라나칸은 경제적으로 여유 있는 중국 상인과 현지 말레이 여성 사이에서 태어난 자녀를 말한다. 페라나칸은 경제적으로 풍요로운 가운데 현지의 문화를 이어가며 그들의 독특한 문화를 만들 수 있었다. 인터뷰 하루 전 페라나칸 문화에 대해 더 알고 싶어 페라나칸 박물관을 찾아갔다. 하지만 페라나칸 박물관은 내부공사 중이었다. 페라나칸 박물관 문 앞에서 'closed'라는 간판을 배경으로 사진을 찍은 뒤 그저 아쉬워했다. 페라나칸 문화를 알고 싶었던 까닭은 그들이 이룬 가정이 우리나라 다문화 가정과 정반대에 있었기 때문이다. 우리나라 다문화 가정은 대부분 한국 남성과 한국보다 형편이 어려운 나라에서 온 여성들의 결혼으로 만들어졌다. 낯선 나라에 힘이 없고 언어가 통하지 않는 가난한 사람이 온 것이다. 게다가 어떤 한국 사람들은 이주민이 자기 문화를 버리고 한국 사람처럼 살아가길 바란다. 시어머

니는 베트남 머느리가 한국 머느리처럼, 사장들은 외국인 노동자가 한국인 노동자와 똑같이 행동해 주길 원한다. 7박 9일의 현지 조사와 두어 시간 남짓 인터뷰로 싱가포르 다문화 사회의 모습을 정확히 파악할 수 없다는 것쯤은 가기 전부터 예상했다. 하지만 멀고 낯선 곳에서 경험한 '다른 문화'에서 오히려 '편안함'이 느껴졌다.

로저 탄은 22년 동안 초등학교 교사로 일하다가 지난해 학교를 그만두고 인격교육character development 회사를 열었다. 고정적인 수입이 생기는 직장을 떠난다는 게 쉽지 않은 결정이었다고 했다. 학교에서는 책임과 역할이 너무 많아 더 늦기 전에 자기가 원하는 일에 몰두하고 싶어 새로운 도전을 결심한 것이다. 회사를 차린 뒤에도 인격교육 프로그램으로 학생들을 만나고 수업하는 일상은 똑같지만 자기 결정에 따라 움직일 수 있는 자유가 좋다고 했다. 로저는 내가 미리 보낸 질문에 대해 깊이 생각해 왔고, 어떤 부분에서는 웹에서 검색한 자료를 보여 주며 자세히 설명해 주었다. 인터뷰를 마치고 로저에게 회사 소개를 부탁했다. 로저는 그 자리에서 회사 소개 자료를 노트북 화면에 띄워 차근차근 설명해 주었다. 그가 추구하는 세계를 한눈에 알아볼 수 있었다. 그는 준비된 사람이었다.

인터뷰를 시작할 때 로저에게 한국의 다문화 상황을 설명해 주었다. 로저는 이해하지 못하는 눈치였다. "한국에는 왜 이주민 차별이 있죠?"라고 물었다. 다문화 사회에서 출발한 싱가포르 사람 로저와 단일 문화에서 출발한 나의 차이였다. 로저는 우리 대화가 좀 더 부드럽게 이어지도록 싱가포르 한인 선교사 정갑수 씨에게 통역을 부탁했다. 알고 보니 그 역시 싱가포르에서 다문화 교육을 하고 있었다. 덕분에 더 깊이 있는 인터뷰가 되었다.

....

- 지도를 보면 싱가포르는 작은 빨간 점small red dot[6]입니다. 싱가포르는 아주 작은 나라죠. 농장이나 공장이 없기 때문에 전기와 물도 수입해요. 사람이 전부이기 때문에 인종과 종교의 조화가 아주 중요합니다. 싱가포르 교육부에서는 일찍부터 종교와 인종의 조화를 중요한 교육 목표로 두었습니다. 싱가포르 사람들은 대부분 중국계, 인도계, 말레이계, 유라시안계이고, 종교는 불교, 힌두교, 이슬람교, 기독교가 대부분입니다. 그런데 인도 출신이라고 해서 모두 힌두교도는 아닙니다. 인도계이면서 불교 신자가 있고, 중국계이면서 기독교 신자가 있죠. 종교 선택은 자유입니다.

---

6) 국토가 너무 작아서 지도에서 찾아보면 나라를 표시하는 기호 크기와 국토가 비슷하게 보인다는 의미(옮긴이).

여러 인종과 종교가 섞이다 보니 처음에는 갈등도 있었습니다. 1964년 7월 21일에는 중국계와 말레이계 사이에 인종 갈등이 생겨서 많은 사람이 죽고 다쳤습니다. 이 사건은 싱가포르가 말레이시아에서 독립하는 계기를 마련했습니다. 독립 후 인종과 종교의 갈등을 해소하기 위해 이날을 인종 화합의 날Racial Harmony Day로 정했습니다. 싱가포르는 중국, 인도, 말레이의 명절을 모두 국경일로 정했고, 이들 문화의 축제를 골고루 합니다. 싱가포르에 사는 사람은 600만 명쯤 됩니다. 400만 명은 국민이고 200만 명은 이주민과 외국인입니다. 이들의 관계도 아주 중요하게 생각합니다. 이야기했듯이, 싱가포르는 인적 자원이 전부인 아주 작은 나라이기 때문이죠. 싱가포르에서는 이주민을 '새로운 시민new citizen'이라고 부릅니다. 4월에는 싱가포르 시민과 외국인의 화합을 도모하는 국제우호의 날 International Friendship Day 행사를 합니다. 학교에서는 사회공동체펀드를 통해 이주민과 외국인을 위한 통합 프로그램을 운영할 수 있습니다. 국가의 날National Day도 빼놓을 수 없죠. 우리는 중국, 인도, 말레이인이 아니라 싱가포르인입니다. 우리는 국가와 종교, 인종의 가치가 섞였을 때 국가를 먼저 생각합니다. 신문이나 소셜 미디어에서도 똑같이 이야기합니다. 싱가포르를 둘러싼 말레이시아와 인도네시아는 아주 큰 나라입니다. 우리가 생존하기 위해서는 어

영화 읽기와 가치 수업, 다문화 이해

쩔 수 없습니다. 인종이나 종교로 갈등을 일으키면 싱가
포르는 사라질 수도 있습니다. 아이들이 어렸을 때부디
이런 생각을 계속 가르치죠.

*

- 학교에서는 아침마다 국기 게양식을 하고 국가를 부르며
싱가포르인의 정체성을 기릅니다. 공립 학교에서는 각 교
실에 여러 인종 학생들을 섞어 놓습니다. 학교에서 위원회
를 만들 때도 여러 인종이 골고루 들어가 있습니다. 정부
와 교육부의 생각이 각 학교 교장에게 전달되고 이 내용
은 학교 교육과정에 반영됩니다. 7월 21일 인종 화합의 날
에는 학생들이 자신의 문화를 소개합니다. 아마 갑수 씨
(통역) 아이들은 한복을 입고 한국 문화를 소개했을 거에
요. 하지만 인종 화합의 날은 일 년에 하루죠. 이것만으로
는 다문화 정신을 기르기 어렵습니다. 학생들은 사회 수
업에서 싱가포르의 역사와 경제를 공부하며 인종 화합의
중요성을 배웁니다. 이런 환경 속에서 학생들은 아주 자연
스럽게 인종과 종교 화합의 중요성을 경험합니다.
학생들은 다른 인종이나 종교를 비난하는 말을 쓰지 않
습니다. 가끔 학생들이 말싸움을 할 때는 있지만 몸싸움
은 금지되어 있습니다. 만일 몸싸움을 하게 되면 학생들

은 더 이상 학교에 다닐 수 없습니다. 출교되는 거죠. 인종과 종교에 대한 존중은 우리 사회의 뿌리입니다.

*

- 언어에 대해 이야기를 할게요. 싱가포르 사람들은 영어가 공용어이지만 각 인종은 자신의 모국어를 씁니다. 대부분 중국어, 말레이어, 인도어[7]죠. 영어가 공용어지만 각 인종은 자신의 모국어도 씁니다. 싱글리시Singlish라고 들어보셨나요? 말레이, 중국, 인도 친구들과 말하다 보면 영어에 말레이, 중국, 인도어를 섞어서 쓰게 됩니다. 싱글리시는 영어의 뼈대 위에 다른 언어를 섞어 놓은 것이죠. 한 문장 안에 영어, 중국어, 말레이, 인도어가 섞여 있기도 합니다. 싱가포르에서는 주로 싱글리시로 소통합니다.

학교에서는 영어와 함께 자기 모국어를 두 번째 언어로 배웁니다. 영어는 일주일에 5시간에서 6시간쯤 배웁니다. 하지만 언어를 배우는 것은 힘들어요. 신문이나 책을 많이 읽는 게 도움이 되죠. 그런데 요즘은 모국어를 잘 알지 못하는 아이들도 있어요. 신세대New generation는 어릴 때부터 영어만 썼기 때문이에요. 어떤 점에서 문제일 수도 있어요.

---

7) 주로 남인도에서 쓰는 타밀어(옮긴이).

*

- 우리 사회에서 공유하는 또 다른 가치는 능력주의_{Meritoc-}racy입니다. 인종이나 종교가 아니라 자신의 능력으로 자기 삶을 만들어 갑니다. 중국계 사장이라도 직원을 뽑을 때 중국인만 선택하지 않습니다. 일을 잘할 수 있는 사람을 선택합니다.

*

- <경극소년 리턴즈>를 보았습니다. 세 가지 생각을 했습니다. 첫 번째는 통합_{Inclusivity}입니다. 그동안 싱가포르 사회는 인종 화합에 초점을 맞추어 왔습니다. 하지만 지금은 이주민, 장애인, 노인에게도 관심을 가집니다. '싱가포르에 살고 있는 사람'에 대한 관심의 범위가 넓어진 거죠. 특히, 영화 속에서 특별한 도움이 필요한 사람들에게 열린 마음을 가지라는 의미를 강하게 느꼈습니다. 싱가포르는 작은 나라이기 때문에 모든 사람이 소중합니다. 노인, 장애인, 이주민 모두 소중합니다. 두 번째는 다른 문화에 관한 것인데 이 주제는 언제까지나 강조되어야 하는 것이죠. 세 번째는 부모의 지원입니다. 영화 속에서는 아버지가 자녀를 도와요. 이런 태도가 필요합니다.

*

- 싱가포르 다문화 사회를 위협하는 것은 가짜 뉴스와 이슬
람 극단주의자의 위험입니다. 가짜 뉴스는 소셜 네트워크
미디어SNS를 통해 확산되고, 이슬람 극단주의자의 행동은
무슬림에 대한 반감을 일으켜 우리 사회를 위험에 빠뜨릴
수 있습니다. 만일 특별한 종교나 인종이 나쁘다는 가짜
뉴스가 퍼진다면 국가의 조화가 깨질 수 있습니다. 아직
까지 가짜 뉴스가 이런 문제를 일으킨 사건은 없었습니다.
어떤 사람이 다른 인종에 대한 생각을 쓴 블로그 글을 경
찰이 제지한 일이 있습니다. 자기 생각을 쓴 것이지만 이것
이 인종과 종교에 편견을 가지게 할 수 있죠. 싱가포르 정
부는 인터넷을 통한 정보 확산을 차단할 권리가 있습니다.
그만큼 작은 나라이기 때문입니다. 우리는 조화를 이뤄야
만 합니다. 이건 생존의 문제죠. 같은 맥락에서 이해하면
됩니다. 다른 나라에서는 언론 통제라고 부를 수 있지만
우리는 다르게 생각합니다. 싱가포르는 이미 가슴으로 다
문화 사회를 느끼고 있으며 조화를 이루는 게 얼마나 중요
한지 알고 있습니다. 우리는 생존하기 위해 경계를 짓거나
차별하면 안 된다는 믿음이 있습니다. 다른 문화에 대해
이기적이면 안 되고 조화를 위해 노력해야 하는 거죠. 조
화를 위해 자신을 바꿔 나가야 한다는 믿음이 있습니다.

영화 읽기와 가치 수업, 다문화 이해

해제:
인문학으로 영화 읽기

다문화 이해 교육으로 읽는
〈경극소년 리턴즈〉

다문화 이해 교육으로 읽는
〈경극소년 리턴즈〉

경주 황룡사지 터를 방문한 여행자들

부산에서 가까운 경주는 가을볕과 열매 바람, 그 사이에 다문화적 존재로 살아가는 인간의 모습을 만날 수 있는 넉넉한 시공간입니다. 넉넉한 시공간이라는 의미는 과거, 현재, 미래의 시간과 그 사이 사람을 선명하게 만날 수 있다는 의미입니다. 한국 사회는 다문화 사회로 변화하고 있습니다. 경주는 그 변화를 충분히 느낄 수 있는 시공간입니다. 경주의 넉넉한 다문화적 시공간 가운데 하나는 황룡사 터입니다. 1,000여 년의 시간을 품고 있는 경주시 구황동에 위치한 황룡사 목탑은 객관적 사실의 세계와 전설과 신화의 세계, 과거와 현재의 시간을 담고 있습니다. 목탑은 진흥왕 때 가람배치를 설계하고, 그 후대인 선덕여왕 시기에 완성했다고 합니다. 그런데 특이한 것은 신라 보물을 창건한 장인은 백제의 아비지(阿非知)입니다. 백제 장인이 신라의 목탑을 완성한 것은 삼국 상황을 고려해 볼 때, 신비로울 따

영화 읽기와 가치 수업, 다문화 이해

름입니다. 여러 가지 상상이 가능하겠지만, 사실 세계에 속한 자신의 마음을 비우고 비워서, 본질의 세계인 인간의 본성에 천착하려는 의지의 발로가 탑을 완성한 힘일 수 있다는 상상을 합니다. 왜냐하면 목탑을 완성한 이후 아버지 행적에 관한 전설만이 전하고 있으며, 소실된 목탑의 터만 남아서 시대의 변화와 함께하고 있기 때문입니다.

가을볕 자리에 황룡사 터에 서면 치유를 느낍니다. 1000년 전 황룡사에서 친 예불 종소리는 고단한 삶을 산 사람들에게 국가 및 신분 여하를 막론하고, 누구에게나 평화를 선물로 주었을 것입니다. 울린 소리는 공명으로 전달되고, 공명한 소리는 각자의 마음에 담겨서 삶의 용기를 주는 소리로 창조되어 퍼졌을 것입니다. 예불 소리를 듣는 것만으로 아! '황룡사에서 치는 종소리구나'라는 동질성을 느꼈을 것입니다. 귀족, 이방인, 백성들이 동일한 종소리를 듣고, 소속감을 느낄 수 있다는 것을 상상하는 것만으로도 멋진 일입니다.

이처럼 경주의 황룡사 터는 다문화를 존중하고, 신라인뿐만 아니라 이방인들을 환대했다는 것을 느낄 수 있습니다. 이는 신라의 원성왕릉을 지키는 무인석의 모습에서도 발견할 수 있습니다. 왕을 지키는 무인석의 모습이 신라인이 아닌 이방인의 얼굴이기 때문입니다.

이 때문인지, 지금도 경주에는 외국인 관광객은 물론 이주민 가족과 학생들이 황룡사 터를 방문하는 모습을 볼 수 있습니다. 간혹 가던 걸음을 멈추고 가을볕의 위로를 받는 이들의 모습은 아름답습니다.

이처럼 황룡사 터는 인간이 현재의 시간을 산다는 의미가 너의 시간과 공간을, 그리고 우리의 시간과 공간을 만나는 것임을 이야기합니다. 다문화적 시공간을 만난다는 것은 나와 너, 익숙한 나와 낯선 타자, 약한 타자를 존재로서 마주함입니다. 관계의 마주함은 익숙함과 낯섦을 온전히 바라봄입니다. 온전히 바라봄은 봄Spring과 같습니다. 봄은 생명입니다. 봄은 볕을 통해 생명으로 응답합니다.

부산국제어린이청소년영화제에 상영한 〈경극소년 리턴즈〉는 다양한 관점에서 읽을 수 있지만, 우리는 한국 사회에 이주한 부모와 학생들에 관한 이야기를 하고 싶었습니다. 이주민 학생들과 함께 생활할 수 있는 마음가짐은 시대적 요청이기 때문입니다.

영화에 등장하는 주인공들처럼 다양한 인종과 민족, 낯선 존재일 수 있는 한국 사회에 정착하고 있는 이주민 가족과 학생을 진정으로 만날 수 있는 마음가짐은 어떤 자세이어야 할까요?

처음 학교 교육에서 다문화 교육은 '소수자들이 주류 사회에 편입하는 것을 도와주는 동화교육'에서 '소수자이든 다수자이든 문화의 다양성을 존중해야 한다는 문화다원주의 교육cultural plural education'으로, 여기서 '모든 인간은 인종으로 당면하는 문제를 해결해 주어야 한다는 반인종주의 교육anti-racial multicultural education'으로 변화하였으며 현재는 '세계시민주의 교육cosmopolitanism education' 일환으로 변화되었습니다. 현재 대부분의 학교는 다문화 사회에서 필요한 자질과 태도를 습득하고, 소수 인종·민족이 갖는 인종적, 신체적, 문화적 특성 때문에 겪는 고통과 차별을 감소시키는 교육을 하려고 합니다. 학교의 다문화 교육이 이루어져야 함에 견해를 같이하면서도 몇 가지 한계를 발견할 수 있습니다. 그 한계는 다음의 내용으로 정리할 수 있습니다.

첫째, 학교 다문화 교육이 동화주의에 벗어나서 세계시민 교육의 일환으로 다문화 역량을 함양하려고 하지만, 학교 현장에서 이루어지는 다문화 교육의 내용은 다문화를 이해하기 위한 지식을 가르치는 경우가 있습니다. 가령 다른 문화의 음식, 옷, 축제 등의 특징을 인식하는 것을 다문화 역량을 함양할 수 있는 교육으로 오해하는 듯합니다. 그러나 이러한 방법은 이주민 가족이나 학생들에 대한 편견을 강화하고, 차이의 역차별을 야기할 가능성도 있습니다.

둘째, 자아정체성과 다문화 역량과 갈등 가능성입니다. 다문화 역량은 모든 인간이 존재론적으로 존중받고 살아야 한다는 근원적인 인간 정체성입니다. 그런데 대부분의 학생은 어린 시절부터 자문화(自文化) 내에서 자아정체성을 형성하고 있습니다. 자문화 내에서 형성된 자아정체성이 재구성 및 확장되지 않으면 갈등과 혼란을 야기할 수 있습니다.

셋째, 개인주의와 공동체주의 갈등입니다. 다문화 가정의 학생은 우리 사회로 이주한 소수자들입니다. 이들은 외국인으로 우리 사회에 여행이나 관광을 목적으로 온 사람들이 아닙니다. 우리도 해외여행을 가면 환영받습니다. 해외여행은 그 나라에 경제적이고 실질적인 이익을 주는 행위이기 때문입니다. 이주민 학생과 부모들은 여행자가 아니기 때문에 우리가 가진 직장이나, 지위를 나누어 가져야 합니다. 이때, 우리는 이렇게 말할 수 있습니다. 언제든 귀국할 나라가 있는데, 왜 우리 사회에 정착하려고 하느냐는 의구심을 드러내는 것입니다. 나의 삶의 자리가 위협받을 수 있다고 판단하기 때문입니다. 이 경우 개인주의와 공동체주의가 갈등하는 것처럼 느껴지기도 합니다.

넷째, 다문화 교육이 다문화 학생과 일반 학생을 이분법적으로 구분하는 측면이 있습니다.

그렇다면 이주민 가정이나 학생들이 함께 살 수 있는 마음가짐의 근거는 어디에 두어야 할까요? 개인주의 관점에서 보면 인간은 보편적으로 존엄성을 지닌 존재이기 때문에 존중받아야 합니다. 공동체주의 관점에서 보면 인간은 누구나 공동체의 일원이기 때문에 존중되어야 합니다. 인간의 존엄성과 관련해서 개인주의는 개인의 권리에 우선적 가치를 두지만,

경주시 신라 원성왕릉을 지키는 무인석

공동체주의는 공동선의 범위 내에서 개인의 권리를 지켜야 한다고 간주하는 것입니다. 물론 개인주의와 공동체주의는 상호배타적인 것이 아니고 상호보완적입니다. 그런데 개인주의와 공동체주의 상호성이 중시되려면 인간 이해와 연결되어야 합니다. 인간이 어떤 존재이기 때문에 존중받아야 하는지에 관한 성찰이 우선되어야 합니다. 인간에 관한 이해가 선행되어야만 마음가짐의 근본적인 변화가 가능합니다.

그러면 현재 학교 교육의 다문화 교육의 방향은 어떠해야 할까요?

우선 〈경극소년 리턴즈〉에 등장하는 인물을 세심하게 살펴봅시다. 자폐를 앓고 있는 오픈, 오픈의 친구가 되어 가는 바오얼, 오픈과 바오얼 가족 등이 성장하는 과정을 보면, 인간을 어떻게 인식하는가가 중요합니다. 영화는 도구적 가치나 수단적 존재가 아니라 생명을 지닌 본질적 존재로 인간을 인식할 수 있어야 함을 이야기합니다.

사실 우리는 모두 특별하다는 교육을 하는 측면이 있습니다만 우리는 특별한 존재가 아니라, 특별한 존재가 되어가는 과정에 있을 뿐입니다. 그 특별함도 다른 사람과의 비교와 평가로 확인되는 능력의 뛰어남을 의미하지 않아야 합니다. 인간은 사랑받고 사랑할 수 있다는 점에서 특별하고, 선한 삶을 지향할 수 있다는 점에서 특별할 뿐입니다. 이주민 가족들은 도움과 보호를 받는 존재라는 개념을 넘어서 사랑하고 사랑받아야 하는 특별한 존재임을 깨닫는 교육을 해야 합니다. 이주민을 대하는 우리는 보호 대신 환대하는 마음가짐이 필요합니다. 물론 이주민 가족과 학생들도 보호를 받는 태도에 머무는 것이 아니라 관심과 환대를 표현하는 존재로 자신의 정체성을 형성해 가야 합니다.

그리고 개인주의와 공동체주의의 갈등을 해소하고 이주민 가족에 관한 편견과 차별을 극복하려면 상호수용과 공감적 존중이 필요합니다. 상호수용과 공감적 존중은 겸손과 배움의 가치를 기반으로 해야 합니다. 편견과 차별의 태도는 자문화 사회의 사회화 과정에서 형성된 태도일 수 있습니다. 자문화 내에서 형성된 무지를 자각하고, 이를 극복하려는 배움이 있어야 합니다. 무지의 자각을 위한 배움은 실천의 지혜로 나타나야 합니다.

이에 우리는 다음의 방향으로 다문화 교육의 방향을 설정하고자 합니다.

첫째, 다문화 교육의 방향은 사실의 세계를 넘어선 교육이 되어야 합니다. 우리는 사실의 세계에 살고 있습니다. 사실의 세계는 현재 나의 삶을 규정하는 틀이고 인식입니다. 치열한 경쟁 사회, 소비 사회라는 사실의 세계에 사는 '나'는 '나와 '낯선 너'를 경쟁과 소비의 관점에서 인식할 가능성이 높습니다. 이러한 관념의 궤적은 나의 삶의 모든 것에 흔적을 남깁니다. 사실의 세계가 '나'의 관념 형성에 영향을 주었기 때문입니다. 경쟁과 소비의 관점에서 보면 이주민 가족들과 공존 가능성은 '나'에게 도움을 주거나, 경쟁에 이길 수 있는 상대가 되어야 합니다. 이주민 가족 및 학생들과 공존하는 삶은 보이지 않는 세계, 인간의 본질적 세계를 지향할 수 있어야 그 가능성이 열립니다.

본질의 세계는 눈에 보이지 않는 세계입니다. 눈에 보이지 않지만, 관념에 자리를 차지하면 감정과 욕구에 영향을 줍니다. 본질 세계의 튼튼한 뿌리는 가을볕과 같이 따뜻하고 생기를 북돋우는 사랑이어야 합니다. 다문화 교육은 학생들에게 보이지 않는 세계를 지향하는 것이 본질적 가치임을 가르쳐야 합니다. 함석헌 선생이 누누이 이야기했듯이 우리는 씨알입니다. 씨알은 성장의 가능성을 지닌 잠재적 존재이고, 그런 측면에서 존귀한 존재들입니다. 씨알은 겸손이고, 인간을 사랑하는 정신을 무한 긍정하는 태도입니다. 이런 점이 자각되어야 지구상에 있는 존재하는 다문화 가족들을 보배로운 존재로 인식할 수 있습니다.

둘째, 상호 배움의 가치를 가르쳐야 합니다. 배움의 가치는 무지를 자각하는 것에서 시작합니다. 무지의 자각은 상호 겸손과 편견으로부터 자유를 선물로 줍니다. 무지의 자각은 오랜 인간의 삶의 지혜입니다. 무지의 자각은 내가 무지함의 상태에 머무는 것이 아니라, 본질의 세계, 사실에 감춰진 것을 알려는 열정적인 배움으로 나아가는 것입니다. 우리 사회에서는 모른다는 것을 수치스러운 것으로 여기는 측면이 있어서 정보를 많이 아는 것이 중요하다고 판단할 수 있습니다. 이러한 측면은 이주민 가족에 대한 태도에도 나타납니다. 이주민 가족이나 학생들이 우리말과 문화를 모르기 때문에 이를 가르쳐야 한다고만 생각합니다. 사실 우리도 이주민 가족들을 잘 모릅니다. 그들을 잘 모르기 때문에 배우고 배워야 합니다. 우리가 그들을 많이 알고 있다는 착각은 오만과 교만으로 연결됩니다. 인간이 오만하고 교만하면, 멋은 사라지고 자신과 타인을 평가하기에 급급합니다. 겸손한 마음, 즉 자신의 부족을 느끼며 새롭게 배우려는 마음이 있어야 다문화 가족과 학생들을 멋있게 환대할 수 있습니다.

셋째, 인문학이 지향하는 인문 정신을 길러주는 교육을 해야 합니다. 욕구를 지닌 인간은 자신의 쾌락과 고통을 중심으로 행동합니다. 그렇지만 나의 쾌락의 충족뿐만 아니라, 타인이 겪는 고통의 부재를 위한 정의로운 태도도 중요합니다. 이주민 가족을 사랑하고 그들이 겪는 고통의 부재를 위한 실천

영화 읽기와 가치 수업, 다문화 이해

은 인문학이 지향하는 인문 정신입니다. 인문 정신은 낯선 너와 나, 우리의 행복을 추구하기 때문입니다.

그리고 인문 정신은 낯선 너의 언어와 목소리. 향기와 몸짓을 만나는 것입니다. 우리의 언어와 목소리는 각자 다르고, 그에 맞는 향기를 담고 있습니다. 씨알들의 언어와 소리가 다르지만, 그 소리를 듣고 응답하는 사람이 있어야 열매를 맺습니다. 산을 올랐을 때, 메아리의 응답 소리에 힘을 얻는 것도 같은 이치입니다. 낯선 너의 언어와 소리를 내가 듣고 응답해 주어야만 그 소리는 멀리멀리 확장됩니다. 낯선 너의 언어와 소리에 응답하는 것이 인문 정신이 지향하는 가치입니다.

위의 방향을 고려하여 우리는 〈경극소년 리턴즈〉를 가지고 다문화 이해 교육의 관점에서 수업 디자인을 했습니다. 즉, 한국에 이주한 부모들과 학생들이 함께 살 수 있는 방향으로 수업 디자인을 개발·적용하였습니다.

낯선 너를 진정으로 만나고, 그들의 삶이 평화롭기를 기도하는 마음은 여행자를 손님으로 만나는 일회적인 행위가 아닙니다. 나의 영역에 오는 그들을 진정으로 환대하는 마음가짐입니다. 환대를 받는 이주민학생과 가족들이 한국 사회에서 편안한 삶을 누릴 수 있도록 하는 다짐입니다. 우리의 환대가 그들의 발에 맞는 신발이고, 추위와 더위를 막는 옷이 되길 희망하는 실천입니다.

다문화 교육의 시선은 미래를 넘어서는 그곳에 희망을 두는 지향적 행위이어야 합니다. 가을볕 좋은 날, 경주를 방문하는 즐거움을 같이 느꼈으면 합니다. 가을볕 좋은 경주는 지향적 마음이 본질적 가치라는 사실을 넉넉하게 품어 주면서 용기를 줍니다.

가을볕 좋은 넉넉한 황룡사 터

　　　　　　　　　　　　영화 읽기와 가치 수업, 다문화 이해

부록

싱가포르 다문화 교육 사례[8]

로저 탄Roger Tan [9]

🎞 다른 사람의 관점에서 보기: 사진 찍기

Seeing from other's perspective: Photography

학생들은 사진 찍기 활동에 신나게 참여했습니다. 많은 학생이 자기가 찍은 사진을 보여 주고 싶어 했습니다. 그들은 사진 촬영에 적용한 원리를 설명하였고 여러 학생이 찍은 사진을 통해 같은 주제라도 다른 견해를 가질 수 있음을 이해하였습니다. 학생들이 다른 각도와 거리에서 찍은 사진을 보여 주었습니다. 같은 사물을 다르게 찍은 사진, 같은 주제지만 다른 장면을 찍은 사진이 가득했습니다.

우리의 배경지식과 경험이 사물을 바라보는 관점을 만든다고 설명했을 때, 학생들은 이 말을 이해했고 몇몇 학생들은 자신이 경험한 것을 이야기했습니다. 학생들은 세심하게 수

---

8)　옮긴이 이태윤.
9)　가치 교육 회사 Core Enterprise 대표. 22년 동안 싱가포르 초등학교에서 교사 및 리더교사로 재직했고 학교를 그만둔 뒤 가치교육 회사를 설립했다. 〈경극소년 리턴즈〉의 제작사인 브레인차일드 픽처스(BrainChild Pictures)와 협력하여 영화 제작 및 읽기 교육 프로그램을 만들고 일반 학교와 단체에 보급한다. 자세한 내용은 싱가포르 인터뷰 참조.

영화 읽기와 가치 수업, 다문화 이해

업에 참여하였으며 배우고 깨달은 내용을 소감문에 적었습니다.

> "Roger의 수업을 통해 학생들은 서로 다른 관점에서 사물을 보는 방법과 다른 관점 속에서도 종합적인 안목을 유지하는 법을 배우며 사람 사이에 편견과 판단을 만들어 내는 '렌즈'를 인식하였습니다. Roger는 여러 가지 예시와 쉬운 설명으로 수업하였습니다. 학생들에게 재미와 깨달음을 준 수업이었습니다."
>
> - 람위운/싱가포르 종후아 중학교 교장

활동	학생들은 카메라(휴대폰이나 태블릿 피시)로 사진을 찍으면서 초점, 프레임, 조명과 같은 촬영의 원리를 배운다. 학생들은 짝을 지어 주제에 알맞은 사진을 찍는다.
배움의 초점	학생들은 다른 배경을 가진 사람들이 다른 관점에서 사물을 볼 것임을 이해할 것이다. 우리가 자라나는 방식과 경험은 우리를 형성하고 우리 주변의 사물을 서로 다르게 보게 할 것이다. 따라서 학생들은 판단을 내리거나 결론을 내리기 전에 다른 사람의 관점에서 보기 위해 노력해야 함을 배운다.
핵심 기술 /능력	자기이해능력, 자기 조절 능력 다른 관점에서 사물을 보면서 배우는 능력 겸손함과 확고함
〈경극소년 리턴즈〉에 적용	바오얼이 오픈을 만났을 때 그녀는 자폐증에 대해 조사하고 오픈에게 다가갔기 때문에 다른 친구들과 다르게 오픈을 사귈 수 있었다. 오픈의 아버지는 어머니와 다르게 오픈의 잠재 능력을 보았다.
다문화 교육에 적용	다른 문화에서 온 사람들은 확실히 언어, 복장, 행동이 다르다. 차이는 나쁜 것이 아니다. 어떤 판단을 내리기 전에 그 사람이 왜 그렇게 말하고 생각하는지 상대방의 관점에서 보도록 노력해야 한다.

　　　　　　　　　　　　　영화 읽기와 가치 수업, 다문화 이해

수업 과정ER3 Approach[10]과 활동 내용

[45분] 체험Experience

학생들은 빛, 초점, 구도와 같은 촬영 원리를 배운다.
학생들은 빨강, 초록과 같은 색이나 평화처럼 가치를 표현하는 낱말 또는 꽃이나 벤치처럼 구체적인 테마에 따라 사진을 찍는다.

[15분] 돌아보기Recall and Reflect

학생들에게 아래와 같은 결론에 이를 수 있는 질문을 한다.
- 교사: 친구가 찍은 사진을 보며 생각나는 것을 이야기해 봅시다.
- 학생: 구도는 달라도 찍힌 사물은 같습니다.
- 학생: 같은 주제를 받았지만 다른 사물을 찍었습니다.

[30분] 관계 맺기Relate

〈경극소년 리턴즈〉 몇 장면을 본다.
- 오픈은 다른 친구들과 다르다고 바오얼이 말하는 장면
- 어머니와 다르게 오픈의 아버지는 오픈의 잠재력을 본 장면
  다른 사람의 관점에서 보는 연습을 하면 우리는 다르게 말하고 행동하며 더 많은 의견을 낼 수 있다.
- 학생들과 토론하기
  '학교에서 휴대폰 사용하기'와 같은 주제를 가지고 여러 학생의 의견을 들어보는 연습을 한다. 우리는 의견이 다르지만 성급하게 결정하기 전에 먼저 상대 의견을 이해하려는 태도가 중요하다는 결론에 도달한다.

[30분] 응답하기Respond

학생들에게 이 수업에서 배운 '다른 사람의 관점에서 보기'는 문화적 배경이 다른 사람들이 조화를 이루며 살아가는 데 어떤 도움을 주는지 물어본다. 학생들은 학습지에 자기 생각을 쓴 뒤 친구들과 공유한다. 다문화 사회에서 살기 위해 어떻게 행동해야 할지 적고 발표하며 수업을 마무리한다.

---

10)   수업 진행의 틀이 되는 ER3 Approach는 로저가 개발한 절차이다.

🎞 표지로 책을 판단하지 않기: 책 만들기
Do not judge a book by its cover: Make a Booklet

이 활동은 자카르타에 있는 2개의 사립학교에 처음 적용하였습니다. 예시자료 덕분에 9살쯤 되는 학생들도 참여할 수 있었습니다. 물론 도움이 필요한 학생들도 있었습니다. 짝이 선택한 주제를 이야기할 때 학생들은 행복해 보였습니다. 두 학교의 학생들의 답변은 놀랍게 일관되었습니다. 내 친구가 이런 일을 할 수 있다는 걸 몰랐다고 말하는 학생들이 많았고, 친구의 새로운 모습을 알게 되어 기쁘다고 하였습니다. 우리가 학생들에게 주고자 한 경험이 바로 이것이었습니다. 조금 뒤 학생들에게 일상생활에서 '표지로 책을 판단하지 않는다'라는 말의 의미를 이야기했습니다. 학교생활에 적용하자면 조금 다른, 독특한 행동을 하는 친구를 보았을 때 성급하게 판단하지 않는 태도를 가져야 한다고 이야기해 주었습니다. 프로그램이 끝난 후, 우리는 우리의 차를 타려고 현관으로 갔습니다. 차를 기다리는 동안 프로그램에 참여했던 학생이 다가와서 방긋 웃으며 수업이 자기에게 많은 영감을 주었다고 말했습니다. 저에게 잊을 수 없는 날이 되었습니다. 저는 그 학생 때문에 지금 하는 것을 계속해야겠다는 확신을 얻었으니까요.

> "책 만들기 활동은 아주 특별했고 저에게 큰 도움이 되었습니다. 우리는 책 만들기 활동의 목적을 알지 못한 채 수업에 참여했지만, 수업이 표지로 책을 판단하지 말라는 이야기로 연결되었을 때 많이 놀랐습니다. 수업에서 전달하고자 하는 주제가 선명했고 구체적인 예시를 들어가며 진행했던 활동도 효과적이었습니다."
>
> - 한니 다완티/프로그램 자원봉사자

활동	1. A4 용지를 접어 여덟 쪽 책을 만든다. 2. 여덟 쪽 위쪽에 가족, 취미, 좋아하는 것과 같은 작은 제목을 쓰고 자기가 생각하는 내용을 적는다. 3. 친구들이 쓴 내용과 비교하며 이야기를 나눈다.
배움의 초점	친구의 가족, 취미, 좋아하는 것을 서로 이야기하다 보면 친구의 첫인상은 변하게 된다. 우리는 겉모습이 아니라 그 사람의 전체적인 모습을 더 알도록 노력해야 한다.
핵심 기술 /능력	사회성, 관계 맺기 교차 문화 능력 공감
〈경극소년 리턴즈〉에 적용	바오얼은 오픈이 교실에서 소리를 질렀을 때도 피하지 않고 오픈의 처지를 알고, 오픈을 돕고자 노력했다. 반대로 베이베이의 어머니는 장애인에 대한 편견을 가졌고, 오픈이 특수학교에 다녀야 한다고 느꼈다.
다문화 교육에 적용	다른 문화에서 온 사람들이 기존 사람들과 다르게 말하고, 행동하는 것은 당연하다. 그래서 우리는 다른 사람의 겉모습이나 근거가 없는 사실로 공정하지 않은 결정을 내리면 안 된다. 우리는 다른 사람들에게 다가가려는 마음을 가지고 그들을 이해하려고 노력해야 한다.

[45분] 체험Experience

1. 교사의 안내에 따라 종이 한 장으로 여덟 쪽 책을 만든다.
2. 칠판에 써 놓은 주제(가족, 운동, 취미, 음식과 같은 예) 중에서 6가지를 골라 각 페이지에 쓴다.
3. 다른 친구와 책에 쓴 내용을 서로 이야기한다.

[15분] 돌아보기Recall and Reflect

교사는 학생들이 서로 알아갈 수 있도록 효과적인 질문을 한다.
- 처음 이야기할 친구를 찾아다닐 때 어떤 느낌이 들었습니까?
- 처음 친구의 이야기를 들었을 때 어떤 기분이 들었습니까?
- 친구에 대해 새로 알게 된 사람이 있나요?
- 다른 친구를 만나 이야기할까요?

[30분] 관계 맺기Relate

교사는 영화 일부를 학생들에게 보여 준다.
- 오픈의 행동을 보고 바오얼이 관심을 갖고 도움을 주기 시작한 장면
- 베이베이의 어머니가 오픈에 대해 이야기하는 장면
  우리는 말이나 행동으로 상대방을 쉽게 판단하기도 하지만, 더 자세히 보고 깊이 이해하려고 노력하는 것이 더 낫다고 이야기한다.
  학생들이 다른 사람을 성급하게 판단해서 후회했던 경험이나 다른 사람과 이야기를 하면서 그 사람을 온전히 알게 된 경험을 이야기한다.

[30분] 응답하기Respond

배운 내용을 토대로 겉모습으로 판단하지 않기를 다문화 사회에서 어떻게 실천할지 이야기한다. 우리가 알고 있는 지식에 근거해서 외국인이나 이민자를 판단하지 않아야 한다. 먼저 상대방을 알기 위해 노력해야 한다. 상대방을 알아가다 보면 서로 다르지 않음을 느끼게 된다.

🎞️ 다양성의 아름다움: 천 조각 이어 붙이기
Beauty in Diversity: Patchwork

 학생들은 천 조각을 디자인하고 장식하는 데 매우 흥분했습니다. 놀랍게도, 남학생도 바느질을 잘 해내었습니다. 학생들이 선택할 수 있는 여러 가지 예시와 꾸미기 방법을 알려 주었습니다. 학생들은 몰입했고 창의적인 작품을 만들었습니다. 바느질에 능숙한 학생들이 나서서 서로 다른 천 조각을 이어 붙였습니다. 학생들이 어떤 식으로 천 조각을 이어 붙여야 하는지 말해 주지 않았습니다. 학생들은 천 타일을 무작위로 연결하였습니다. 각자 만든 천이 커다란 천으로 바뀌었을 때 학생들이 반응은 잊을 수 없습니다. 작은 천 조각이 모여 아름다운 천이 되어 가는 과정에 반했습니다. 학생들은 많은 사진을 찍었습니다. 우리는 틀을 만들어서 학생들이 만든 작품을 교실 벽에 걸었습니다. 우리 한 사람, 한 사람은 다르지만, 함께 모이면 한 덩어리 작품이라는 이야기를 했습니다. 또한, 나와 친구의 작은 천을 연결한 실은 나와 다른 사람을 연

결하는 배려, 인내, 공감과 같은 중요한 가치를 나타낸다고 이야기했습니다.

"천 조각 이어 붙이기 활동은 정말 재미있었습니다. 활동하는 동안 평소에 이야기하지 않던 친구들과 이야기하고 있는 내 모습을 발견했습니다. 처음에는 각자 만든 천 조각이 이어졌을 때 잘 어울리리라 생각하지 않았습니다. 하지만 우리가 만든 천을 연결한 뒤 그것이 보여 주는 독특하고 멋진 모습에 놀랐습니다. 저는 이 활동으로 서로 다른 사람들이라도 모여서 멋진 공동체를 이룰 수 있다는 것을 배웠습니다. 또한, 작은 천을 연결한 실의 역할은 나와 다른 사람이 함께 살아갈 때도 꼭 필요하다고 생각했습니다."

- 저스틴 림/프로그램 참가 학생

활동	1. 학생들은 바느질, 접착제로 붙이기, 마커로 색칠하기 방법을 이용해 천 조각에 무늬를 만든다. 2. 완성한 천 조각은 다른 친구들의 천 조각과 이어 커다란 천으로 만든다.
배움의 초점	이 활동을 통해 학생들은 제각기 다르지만 합쳐져서 다채로운 모습을 가질 수 있음을 알게 됩니다. 우리 공동체에는 모든 사람의 다름과 특별함을 위한 공간이 있습니다.
핵심 기술 /능력	1. 사회성, 관계 맺기 2. 타 문화 이해 능력 3. 배려와 인내
〈경극소년 리턴즈〉에 적용	장애와 비장애의 관점에서 오픈은 친구들과 다르지만, 그는 분명 학급 구성원이다. 라자, 알리, 베이베이, 바오얼은 인종이라는 관점에서 서로 다르지만 역시 같은 학급 구성원이다. 그들은 가끔 다투기도 하지만 서로 돕기도 한다.
다문화 교육에 적용	다문화 사회와 단일 문화 사회는 무엇과 같을까? 다문화 사회는 학생들이 이어 붙인 화려한 문양의 천이다. 거대한 도시는 사람들이 국적과 관계없이 조화를 이루며 사는 것을 허용한다. 우리는 개별적으로는 다를 수 있지만, 학급, 학교, 나라와 같은 공동체 속에서 같은 정체성과 목표를 가지고 있는 하나이다.

영화 읽기와 가치 수업, 다문화 이해

수업 과정ER3 Approach과 활동 내용

[45분] 체험 Experience

1. 교사는 학생들에게 천 조각을 나눠 주고 천을 꾸미는 방법을 설명하고 예시를 보여 준다.
2. 학생들은 천 조각을 꾸밀 계획을 세운다.
3. 천 조각 꾸미기를 완성하면 짝끼리 천을 연결하고, 연결한 천은 또 다른 짝들이 만든 천과 잇는다. 이런 식으로 학생들이 만든 모든 천을 하나로 연결한다.

[15분] 돌아보기 Recall and Reflect

학생들이 이야기를 잘 나눌 수 있도록 효과적으로 질문한다.
- 천 조각을 꾸밀 때 어떤 느낌이 들었나요?
- 만든 천을 이어 붙이니 어떤 느낌이 드나요?
- 천 조각이 하나씩 떨어져 있을 때와 큰 천이 되었을 때 언제가 더 좋습니까?

[30분] 관계 맺기 Relate

〈경극소년 리턴즈〉 일부를 같이 본다.
- 교실에서 혼자 그림을 그리는 오픈
- 오픈과 친구들이 강당에서 경극 연습하는 장면
 서로 다른 개인이 모여 사회를 만들고 단일 문화 사회라 하더라도 시민은 각자 다른 개성을 가지고 있음을 알려 준다.
 학생들은 서로 다른 문화를 가진 공동체와 유사한 문화를 가진 공동체를 비교한다. 다양성은 사회를 위해 좋은지 그렇지 않은지 이야기한다.

[30분] 응답하기 Respond

이민자나 외국인이 현지인과 어울리거나 지역사회에 통합하는 것의 유익함이 무엇인지 학생들과 이야기한다. 다른 사람을 받아들일 때 개인이 가져야 할 마음가짐과 태도를 생각한다.

부산국제청소년영화캠프 Busan International Youth Film Camp

2018.07.13.(금) 13:00 부산아시아영화학교

인터뷰어: 이미식, 이정석, 이태윤
인터뷰이: 이현정, 조은별

　　부산국제청소년영화캠프는 부산국제어린이청소년영화제 기간에 진행되는 교육 프로그램으로 국내외 청소년(만 13~18세)이 함께 모여 4박 5일 동안 단편 영화 한 편을 제작하는 단편 영화 제작 워크숍이다. 부산국제어린이청소년영화제BIKY와 부산아시아영화학교AFiS가 함께 주최한다. 캠프에 참여한 청소년들은 영화를 보는 것에만 그치지 않고 '영화'라는 장을 통해 직접 참여하고 서로의 문화를 이해하고 교류하며 공감대를 형성해 나가는 경험을 한다.

부산아시아영화학교 입구

부산아시아영화학교 장비실

2017년부터 시작된 부산국제청소년영화캠프의 교장은 영화 〈원시림〉(2012), 〈용문〉(2013), 〈삼례〉(2015)의 시나리오, 편집 감독을 한 이현정 감독이다. 2017년, 2018년에는 3박 4일 동안 진행되었고 2019년 현재는 4박 5일로 진행되고 있다. 인터뷰는 2018년 제2회 캠프 3일 차에 캠프 교장인 이현정 감독과 2년간 참여한 조은별 학생과 진행하였다.

- 부산국제청소년영화캠프 기간이 짧은데 첫날 분위기는 어떤가요?
- 첫날이 가장 어렵죠. 의사소통도 잘 안 되고 첫날이잖아요. 자기소개를 하면서 마음의 문을 열기 시작해요. 처음 만났을 땐 밝은 면만 이야기하는데요. 그럴 때면 제가, "너한테 약간 두려웠던 순간은 없었어? 아니면 슬펐던 순간은?"이라고 일부러 물어보거든요. 계속 그렇게 물어보면 애들이 깔깔대고 웃다가, "저는 이랬고요. 이런 경험을 한 적도 있고요"라며 굉장히 극적인 이야기를 하기 시작하죠. 그렇게 서로 이야기를 하면서 첫날부터 마음의 문을 열었던 것 같아요.

- 은별 학생은 캠프에 연이어 참가했는데 익숙한 느낌이 있었나요?
- 캠프 때마다 참가자가 다르니까 전혀 다른 캠프로 느껴졌어요. 이게 약간 외국에 있다가 온 듯한 기분이랄까요? 캠프를 마치고 집에 가면 다른 나라에 있다가 다시 일상으

로 돌아가는 느낌이에요. 재미있게 놀다가 그냥 평범하게
학교 가면 약간 이상할 것 같아요.

- 청소년들이 영화 캠프를 하는 동안 언어의 차이, 성별의 차이, 민족의
차이를 느낄 것 같아요. 이런 것을 어떻게 이해하는가요?
- BIKY의 슬로건이 '달라도 좋아'잖아요. 청소년들이 영화
제의 특성을 미리 알고 와서 그런지 그건 잘 모르겠어요.
오히려 서로 다른 부분을 발견하면 서로 자기 보물처럼 여
기는 것 같아요. 고유한 것이 자기 무기잖아요. 청소년이
그 부분에 관해서는 굉장히 적극적이고 어른들보다 훨씬
열려 있는 것 같아요.
어제는 인도네시아에서 온 이슬람 친구 두 명이 조용히
기도할 수 있는 방을 준비해 달라고 요청했어요. 그래서
캠프 선생님이 기도할 수 있는 공간을 제공했어요. 밥도
돼지고기 없는 것으로 제공했고요. 참가자 누구나 상황
에 맞게 남을 배려하면서 자기 것을 당당하게 요구할 수
있어요. 영화라는 매체도 그런 것 같아요. 다른 매체는
자기를 즉각적으로 표현하기가 쉽지 않잖아요? 영화는
딱 그래야 하니까 더 좋은 것 같아요.

　영화 읽기와 가치 수업, 다문화 이해

이슬람 학생들이 쓸 수 있도록 마련한 기도실과 스토리보드 토의 과정

- 은별 학생은 캠프에서 만난 친구들과 또래로서 어떤 점이 닮았다고 느꼈어요?

- 밥을 먹다가 자기 나라에도 있는 음식이 나오면 이야기해요. 우리나라 브랜드 중 자기 나라로 수출되는 것도 이야기하고요. 좋아하는 연예인, 아이돌 이야기도 하고 여자애들은 화장품을 같이 구경하면서 서로 어떤 것을 들고 다니는지도 봐요.

이탈리아였나, 터키였나? 어떤 엄마가 몇 시 지나면 인터넷을 끊어버린다고 했는데, 부모님들이 하는 잔소리도 다 비슷하고 재미있었어요. 외국인이라도 그냥 나라만 다를 뿐 크게 다르다는 게 느껴지지 않고 거의 다 똑같았던 것 같아요. 한국어로 말해도 다 알아듣는 친구도 있고 보디 랭귀지만으로도 웃긴 걸 얘기하는지, 부정적인 반응인지 다 느낄 수 있었거든요.

- 참여하는 청소년들에게 어떤 경험이 되길 바라시나요?
- 3박 4일이면 매우 짧은 기간인데, 영화 완성을 위해 밀어 붙이지는 않아요. 자는 것, 먹는 것을 감내하면서 주어 진 시간 안에 작업을 끝냈다는 경험이 청소년 시기에 정 말 중요하다고 생각해요. 같이 작업하고 같이 끝내고 같 이 보니까 뿌듯하고, 이 뿌듯한 마음으로 자기 나라로 돌 아가면 다음에 얼마든지 다른 것도 쉽게 접근할 수 있거 든요. 저는 이 청소년 캠프에서 그게 가장 중요하다고 생 각해요.

- BIKY 슬로건, '달라도 좋아'가 이 캠프와 딱 들어맞네요.
- 네. 참가자를 직접 만나 보기 전까지는 국적이나 성별만 으로 그들이 성격이 어떤지, 무엇을 좋아하는지 눈꼽만큼 도 예상할 수가 없거든요.

- 감독님은 어린 시절에 영화와 관련한 경험이 있었나요?
- 저는 영화를 늦게 시작했어요. 어렸을 때는 영화를 별로 안 좋아했어요. 영화 만드는 사람도 싫어했고요. 대학 졸 업 후 언론사 YTN 보도국에서 언론인으로 시작했다가 뒤늦게 영화 공부를 했고 그러다 보니까 공부를 더 열심 히 하게 되었어요. 그래서 저는 기다림이 가장 중요하다고 생각해요. 기다려 주고 들어주고 선생님들도 개입하고 싶

죠. 하지만 최대한 기다려 주는 거죠.

- 감독님은 캠프를 하면서 특별히 힘든 점은 없었나요?
- 가장 힘든 것은 아이들의 안전과 음식에 관한 것이에요. 캠프 선생님들도 굉장히 예민해져 있어요. 우리도 여행 가면 아플 수 있잖아요. 외국에서 온 아이들은 안 아파도 신경이 쓰여요. 참가한 청소년들은 자기 또래끼리 있으니까 재미있잖아요. 그래서 굉장히 빠듯한 일정을 보내는데도 잠을 잘 안 자요. 잘 자야 안 아프고 면역력이 안 떨어질 텐데 애네들이 제 말을 듣냐고요. (웃음) 자기들끼리 얘기만 해도 얼마나 재미있겠어요? 하루 일정을 마치기 전에 제가 몇 번이나 일찍 자라고 당부를 해요. 저는 그런 악역의⋯. (웃음)

아이들이 연출부라고 하면 저희는 제작팀이라고 할 수 있거든요. 아이들이 원하는 대로 가능하게끔 도와주는 것이 저와 선생님의 역할이죠. 안 될 것 같은데 끝까지 도와줘야 할 것인지, 포기할 것인지 빨리 결정해야 할 때가 많아요. 시간이 정해져 있기 때문에 이걸 고민할 시간이 없어요. 또 차량과 식사를 완벽하게 해야 하는데 이게 제작부가 할 일이거든요. 촬영이 끝나자마자 식사할 수 있게 식당도 예약하고 이동 방법도 생각해야 하고⋯. 어떻게 보면 작은 영화 현장과 같은 거죠.

- 은별 학생은요?

- 저는 힘든 것은 없고 일단 숙소에서 지내면서 언어가 다
른데도 불구하고 소통하려고 노력하니까 친구들끼리 분
위기가 좋은 것 같아요. 제가 영어를 잘하지 못하거든요.
못한다고 해서 외국인 친구들이 자기들끼리만 얘기하는
거 없이 오히려 더 다가와서 이야기해 주니까 친구들이 되
게 좋아요. 저처럼 영어 공부가 좀 부족한 친구들은 최대
한 공부를 많이 하고 오는 게 좋을 것 같아요. 더 많은 이
야기를 나누고 싶기 때문에 영어 공부를 하고 오는 게 좋
지 않을까 싶어요. 그것 때문에도 제가 공부를 작년에 비
해 좀 더 하고 왔어요. 작년에 너무 대화가 안 되어서…. (웃음)

이현정 감독(왼쪽 사진)과 조은별 학생(오른쪽 사진)

영화 읽기와 가치 수업, 다문화 이해

영화교육아카데미

🎥 영화제에서만 볼 수 있는 영화

매년 수많은 영화가 제작되고 상영된다. 그중 국내 멀티플렉스 극장에서 쉽게 볼 수 있는 영화는 그리 많지 않다. 특히 청소년을 위한 영화 비중은 더욱 낮아 블록버스터와 애니메이션을 제외하면 1년에 서너 편을 만나기도 어렵다.

해마다 부산국제어린이청소년영화제에 초청되어 상영되는 해외 장편 영화는 60편이 조금 넘는다. 모두 영화제 프로그램 팀에서 심혈을 기울여 관람하고 선정한 작품이어서 작품 수준이 높고 무엇보다도 학생들과 함께 보며 이야기할 것이 많다. 그나마 부산처럼 어린이청소년영화제가 열리는 지역에서는 이런 기회를 누릴 수 있지만, 대다수 지역은 그렇지 못하다. 어린이와 청소년을 위한 좋은 영화를 영화제 기간에만 볼 수 있다는 것은 안타까운 일이다.

🎞 영화가 만들어지듯 영화제와 교육이 만나다

부산의 영화 교육이 활발한 것은 부산광역시교육청, 부산국제어린이청소년영화제, 유네스코 영화 창의도시 부산, 영화의전당과 같은 기관과 단체가 영화를 교육에 적극적으로 활용할 수 있는 시스템을 만들어 가고 있기 때문이다. 기관마다 고유의 전문성이 있다. 한 편의 영화가 만들어지듯 각 기관의 전문성이 유기적으로 결합할 때 그 가치가 빛날 수 있다.

부산국제어린이청소년영화제는 2019년부터 부산광역시교육청과 영화교육아카데미 직무연수를 개설하여 진행하고 있다. 이전에도 꾸준히 연수를 개설하였지만 15시간 1학점의 방학 중 직무연수 또는 영화제 기간에 이루어지는 직무연수로 진행되었다. 그러다 발전시킨 과정이 1년 과정의 영화교육아카데미 직무연수이다. 매달 마지막 주 목요일마다 영화의전당에서 영화를 보고 영화 교육과 관련한 이야기를 나누며 진행한다. 함께 보는 영화는 국내외 영화제를 통해서만 볼 수 있는 영화이기에 평소 관람하기 어려운 작품이다. 참가자들은 매달 새로운 영화를 보는 기대로 와서 감동을 나누고 헤어진다.

장소: 영화의전당(인디플러스 상영관, 비프힐 2층 강의실)		
일시	시수	교육 내용
5.30.(목) 16~19시	3	**〈행운은 용감한 자의 것〉(96분/독일/노버트 레히너)** • 캐릭터로 영화 읽기 수업 탐색 • 영화 속 캐릭터 읽기, 캐릭터를 읽어내는 방법 • 캐릭터 읽기를 활용한 수업 아이디어 만들기 • 학교 교육과정에 적용할 수 있는 부분 탐색
6.27.(목) 16~19시	3	**〈클레오와 폴〉(60분/프랑스/스테판 드무스티에)** • 은유와 상징으로 영화 읽기 수업 탐색 • 영화 속 은유와 상징 찾기 • 은유와 상징 해석하기 • 은유와 상징을 활용한 영화 읽기 수업 아이디어 만들기 • 학교 교육과정에 적용할 수 있는 부분 탐색
7.9.(화) 16~19시	3	**[2019 BIKY 개막식 참관]** • 2019 BIKY 체험(선택) • 개막작 감상 • 해외 게스트와 영화 읽기 실습 • 영화 활용 수업 참관 (필름 앤 펀, 나도 성우다, 시네마 스포츠)
7.13.(토) 10-16시	6	**[2019 BIKY 상영작]** • 2019 BIKY 체험(선택) • BIKY READ 프로그램 참관
7.15.(월) 16~19시	3	**[2019 BIKY 폐막식 참관]** • 2019 BIKY 체험(선택) • 레디액션 섹션 참관 • 해외 게스트와 영화 읽기 실습 • BIKY FORUM(영화 교육) 참관 • 국제청소년영화캠프 참관

일시	시수	교육 내용
9.26.(목) 16~19시	3	〈폴란드로 간 아이들〉(79분/한국/추상미) • 은유와 상징, 캐릭터로 영화 읽기 실습 • 은유와 상징을 찾아내는 수업 활동 계획 • 캐릭터를 탐구하는 수업 활동 계획
10.31.(목) 16~19시	3	〈버팔로 라이더〉(94분/태국/조엘 소이슨) • 캐릭터로 영화 읽기 수업 시연 • 영화 읽기 수업을 만드는 방법 * 교재 『버팔로 라이더』(2018, 북랩) * 영화 변경 가능
11.28.(목) 16~19시	3	〈완두콩 배의 롤라〉(114분/독일/토마스 하이네만) • 상징으로 영화읽기 수업 시연 • 영화 읽기 수업을 만드는 방법 * 교재 『완두콩 배의 롤라』(2019, 북랩) * 연구소 사정에 따라 영화 변경 가능
12.19.(목) 16~19시	3	〈Kuap〉(8분/스위스/닐스 헤디어) • 영화 읽기 수업 디자인 실습 • 영화 읽기 수업 경험 공유(교사, 학생) • 연수 과정 돌아보기

2019년 영화교육아카데미 프로그램

영화 읽기와 가치 수업, 다문화 이해

📽 영화 교육 네트워크를 위한 만남

제14회 부산국제어린이청소년영화제에서는 BIKY 포럼에서 국내외 영화 교육 관계자를 초청하여 영화 교육 네트워크를 위한 자리를 만들었다. 각 지역의 영화 교육 연구회, 청소년 영화제 관계자, 교육청 관계자, 영화 교육 활동가 등 평소 영화 교육으로 활동하는 사람들이 모이는 것만으로도 영화를 활용하는 방법을 공유할 수 있었다.

영화교육아카데미나 영화를 활용한 교육에 관심이 있고 시작하고 싶다면 부산국제어린이청소년영화제에 문의하여 도움을 받을 수 있다.

영화 읽기 수업
관련 영화

버팔로 라이더 Buffalo Rider

- 감독: 조엘 소이슨Joel Soisson
- 2015년 / 태국 / 드라마
- 제10회 부산국제어린이청소년영화제 상영작

    엄마의 죽음에 충격을 받은 제니는 내성적이면서도 공격적으로 변했다. 제니의 미국인 양아버지는 제니를 태국 외할머니 집으로 보낸다. 제니는 스스로를 낯선 행성에 갇힌 죄수라고 느끼며 지내다가, 분로드라는 농인 시골 소년을 만난다. 친구들에게 따돌림을 당하는 분로드의 유일한 친구는 아픈 물소, 삼리이다. 영화 〈베스트 키드The Karate Kid〉와 〈씨비스킷Seabiscuit〉의 감동을 녹여 낸 〈버팔로 라이더〉는 모든 것을 빨리빨리 떠나보내야 하는 현대 문명 속에서도 변치 않는 무언가에 관한 이야기이다.

완두콩 배의 롤라Lola On The Pea

- 감독: 토마스 하이네만Thomas Heinemann
- 2014년 / 독일 / 가족
- 제11회 부산국제어린이청소년영화제 상
  영작

아버지가 사라진 후 친구들에게 괴롭힘을 당하고 자신만의 세계에 빠져 지내는 아홉 살 소녀 롤라. 어느 날 엄마가 새로운 남자 친구와 함께 나타나자 롤라는 엄마와 그 남자를 떼어놓으려 안간힘을 쓴다. 그러던 중 불법 이민자로 독일에 사는 소년 레빈을 만나게 되고, 갑자기 롤라의 삶에 문제가 생긴다. 유럽의 불법체류자 문제를 어린이 눈높이에서 경쾌하게 표현한 영화이다.

경극소년 리턴즈The Wayang Kids

- 감독: 레이몬드 탄Ramond Tan
- 2018년 / 싱가포르 / 드라마
- 제13회 부산국제어린이청소년영화제 상
  영작

싱가포르 초등학교에 전학 온 외국인 소녀 바오얼은 같은 교실에서 자폐증을 가진 소년 오픈을 만난다. 바오얼은 경극 공연을 연습하며 오픈이 자폐증을 극복할 수 있도록 돕는다. 바오얼의 정성으로 오픈은 경극 공연을 무사히 마치게 되고 가족 관계와 친구 관계도 회복한다. 싱가포르의 다문화 모습과 싱가포르 학교의 통합 교육을 밝고 따뜻하게 표현한 영화이다.

　　　　　　　　영화 읽기와 가치 수업, 다문화 이해

두 개의 세상Two Worlds

- 감독: 마치이 아다메크
- 2016년 / 폴란드 / 다큐멘터리, 드라마

농인 부모 사이에서 청인으로 태어난 라우라는 부모의 세상인 농문화와 세상 다수를 차지하는 이들의 문화인 청문화를 오간다. 입술 대신 손과 표정으로 말하는 부모는 지금까지 그랬듯 라우라와 함께하고 싶다. 그러나 그녀에게 다가오는 사춘기와 코다CODA: Children Of Deaf Adult로서 겪는 정체성의 혼란은 농인인 부모가 쉽게 이해할 수 없는 것이다. 라우라에게는 청인 친구들에게도 털어놓기 어려운 코다로서의 고민이 있다. '다름'에 대해 깊이 고민해 볼 수 있는 영화이다.

입시충Homo Examines

- 감독: 김재우
- 2016년 / 한국 / 다큐멘터리
- 제12회 부산국제어린이청소년영화제 상영작

　대한민국에서 고등학생으로 살아 봤다면 누구나 공감할 영화. 대학 입시를 준비하며 때로는 절망하고, 때로는 기뻤던 모든 순간을 담고 있다. 우리는 왜 입시충, 입시 벌레가 되어야만 할까. 남고생들의 밝은 모습 이면에 감춰진 대한민국 입시의 생생한 모습을 그린 영화이다.

- 영화는 네이버에서 감상할 수 있습니다.
- 무료로 제공되는 영화는 부산광역시교육청의 도움으로 교육용으로만 이용하실 수 있습니다. 서비스 기간은 오른쪽 QR 코드로 확인하실 수 있습니다.

BIKY 아카이브

- 〈버팔로 라이더〉, 〈완두콩 배의 롤라〉, 〈경극소년 리턴즈〉, 〈두 개의 세상〉 영화 읽기 교재와 활동지는 아래 QR 코드로 확인하실 수 있습니다.

버팔로 라이더

완두콩 배의 롤라

교재와 활동지

영화 창의도시 부산

United Nations
Educational, Scientific and
Cultural Organization

Busan - City of Film
Designated Unesco Creative City
in 2014

1996년에 첫발을 내디딘 부산국제영화제는 아시아 최고의 영화제로 자리매김했다. 세계적 수준의 인프라와 전문적인 인적 자원과 함께, 현재 부산은 영화 산업의 모범 사례Standard Setter로 인정받고 있다. 부산국제영화제의 성공적인 성장을 기념하기 위하여 설립된 부산 영화의전당은 영화 도시로서 부산을 상징하고 있다. 1999년 설립된 부산영상위원회는 기획, 제작, 배급 등 영화 제작 과정을 아우르는 완벽한 영화 제작 네트워크를 제공하고 있다.

2014년 유네스코 영화 창의도시로 지정된 이래, 부산은 타 가입 도시와 영화제 교환 프로그램, 영화 인력 양성을 위한 국제적 협력 프로그램, 시민과 학생들을 위한 영화 교육, 타 분야 가입 도시들과의 협업 등의 협력 사업을 진행해 오고 있으며, 이는 부산이 지닌 아시아 영화 네트워크 프로그램을 국제적 수준으로 성장하게 해 주었다. 나아가 부산은 유네스코 영화 창의도시 네트워크 관계자를 포함한 모든 이들이 문화적 지능을 함양할 수 있도록, 부산이 지닌 창의적 활동에 접근할 기회를 제공하고자 노력하고 있다.

🎥 유네스코 창의도시 네트워크UCCN

유네스코 창의도시 네트워크는 '창의성을 지속 가능한 도시 발전의 전략 요소로 하는 회원 도시 간 국제 연대 및 협력 강화로 도시 간 협력 촉진을 목적으로 두고 있으며, 2004년 '문화성을 위한 국제 연대 사업'의 일환으로 시작되었다. 유네스코 창의도시 네트워크는 각 도시의 문화적 자산과 창의력에 기초한 문화 산업을 육성하고 도시 간의 협력과 발전을 도모함으로써 회원 도시들의 경제적·사회적·문화적 발전을 장려하고, 나아가 유네스코가 추구하는 문화 다양성을 제고시키는 데 목적을 두고 있다.

유네스코 창의도시 네트워크는 공예와 민속예술, 문학, 영화, 음악, 디자인, 미디어 예술, 음식 총 7개의 분야를 가지고 있으며 국내에서는 2019년 12월 현재 10개 도시 - 서울(디자인), 광주(미디어 예술), 인천(공예), 부산(영화), 전주(음식), 통영(음악), 부천(문학), 대구(음악), 원주(문학), 진주(공예와 민속예술) - 가 네트워크에 참여하고 있다.

🎬 유네스코 영화 창의도시

2009년 영국 브래드포드를 시작으로 2010년에는 호주 시드니가, 2014년에는 대한민국 부산과 함께 아일랜드 골웨이, 불가리아 소피아가 영화 창의도시로 지정되었다. 2015년에 영화 창의도시로 지정된 도시는 브라질 산토스, 이탈리아 로마, 그리고 마케도니아의 비톨라가 있으며, 2017년에 중국 칭다오, 영국 브리스톨, 일본 야마가타, 폴란드 우츠, 스페인 테라사가 영화 창의도시로 지정되었다. 2019년에는 5개의 도시 - 독일 포츠담, 스페인 바야돌리드, 보스니아 헤르체고비나 사라예보, 뉴질랜드 웰링턴, 인도 뭄바이 - 가 신규 영화 창의도시로 지정되면서 총 16개국 18개 도시가 유네스코 영화 창의도시로 연결되어 있다.

영화 읽기와 가치 수업, 다문화 이해